CHANCE
찬스

가둬두기엔 너무 아까운 내인생의 일곱가지 기회

CHANCE
찬스

가둬두기엔 너무 아까운 내인생의 일곱가지 기회

/메드세리프 지음
이동길 옮김/

■ 머 리 말

내 인생의 베이스 캠프가 되어 주는 7가지.
내 인생을 빛내주는 7가지.
내 인생의 기회를 만들어 주는 7가지를 찾아서.

나는 성공에 대한 집착보다는 성공하는 사람들의 이유에 대해 더 많은 관심을 보여왔다.

하지만, 그런 과정에서 매우 유능한 사람들조차도 대부분 '하찮은 일'에 속박되어 그들의 능력이 제대로 발휘되지 못한다는 사실을 발견했다.

이 책에 쓰여 있는 것은 인생의 성공적 독립을 꿈꾸는 사람들을위한 내용이다.

자기 관리의 연구는 끝이 없는 분야이다. 사업을 운영하거나 관리하는 사람들과 자리를 같이하여 이야기하는 경우 그들 모두는 나름대로의 문제점을 안고 있었다. 그러나 기본적으로는 결국 7가지의 특정 영역, 자기 능률화를 위한 개선, 타인과의 인간관계보다 충실한 개인 생활을 보내는 일 등에 문제가 집중된다.

  이 책에서 나는 일반 각양각색의 문제에 대하여 그 질문에 답하고 해결책을 제공하는 일에 중점을 두고 집필하였다.

  그러므로 이야기는 구체적이고 정확하며 문제의 핵심을 찾는데 주안점을 두고 있다. 그 해결책이나 처방도 매우 다양하다. 다시 말해서 이해하기 쉽게 썼다고 보아야 할 것이다. 쉽다고 해서 내용의 수준이 낮은 것은 아니다. 여러 가지 경험에 의한 이해와 깊은 관찰력으로, 알기 쉽게 설명해 놓았으므로 읽으면 알 수 있는 바와 같이 경험자이면 "정말 그렇군"하고 생각하며 "바로 이거다"하고 무릎을 치는 일이 도처에 쓰여 있을 것이다.

  이 책속에 등장하는 7가지의 테마는 독립을 꿈꾸는 사람들을 위한 7가지의 선물이다. 독자 모두에게 "성공"이라는 행운이 찾아들기를 바라며, 내 인생에 기회를 만들어 주는 좋은 습관을 품어 주길 바란다.

메드 세리프

■ 차 례

01 첫번째 찬스 "발견"

내안에 있는 미지의 가치를 세상밖으로 불러내는 순간, 기회는 찾아 온다

- 13 • 나는 모험가인가
- 14 • 나는 충분한 자신감을 갖고 있는가
- 16 • 자신의 사업에 확신을 갖고 있는가
- 17 • 희생할 각오가 돼 있는가
- 19 • 나는 기회를 포착할 줄 아는가
- 20 • 결단력이 있는가
- 22 • 솔선수범할 용의가 있는가
- 23 • 당신의 잠재력을 최대로 발휘하려면
- 25 • 못하는 것보다는 할 수 있는 것에 초점을 맞춘다

02 두번째 찬스 "열정"

남다른 색깔과 감성, 그리고 욕심으로부터 기회가 찾아 온다

- 29 • 잘 할 수 있는 일에 모든 정성을 바쳐라
- 31 • 성공할 수 있다는 확신을 가져라
- 33 • 당신의 개성을 찾는다
- 35 • 서로 도울 수 있는 다양한 사람들과 사귄다
- 37 • 능력을 최대로 발휘하게 하려면
- 38 • 최선을 다한 후에야 결과를 기대할 수 있다
- 39 • 다른 사람이 원하는 일에 관심을 가진다
- 40 • 성취 목표는 높을수록 유리하다
- 41 • 실패는 누구에게나 있음을 상기시킨다
- 43 • 예를 들어 자극과 긴장을 준다
- 44 • 함께하는 일에 자부심을 느낀다

03 세번째 찬스 "용기"

내가 할 수 없으면, 남들도 할 수 없다는 마음을 품을때 기회는 찾아 온다

- 47 • 자신감이란 무엇인가
- 50 • 자신감은 일의 양을 반으로 줄인다
- 51 • 자신감은 목표에서 출발한다
- 52 • 목표는 명확한 목표를 갖고 행동으로 옮겨라
- 54 • 자신감은 신용을 기반으로 한다
- 56 • 자신감을 보여주는 시작은 첫인상이다
- 57 • 지피지기면 백전백승이다
- 58 • 당신을 성공으로 이끄는 견인차
- 59 • 자신감과 적극성으로 승부한다

04 네번째 찬스 "관계"

사람과 사람사이의 따뜻한 교감으로부터 기회는 찾아 온다

- 63 • 사람을 다루는 비결에 성공이 있다
- 65 • 함께 일할 수 있는 환경
- 66 • 상대를 이해시키려면 먼저 이해하라
- 68 • 개인에 대한 차별성을 알아둔다
- 69 • 적극적인 자세로 일하는 의욕을 가진다
- 77 • 협력은 투자이다
- 80 • 반대의견을 예상한다
- 81 • 상사와 원만한 관계를 유지하려면
- 91 • 까다로운 상사는 이렇게 대하라
- 94 • 다혈질의 상사를 내편으로 만드는 법
- 95 • 일벌레 상사를 내편으로 만드는 법

96 • 우유부단한 상사를 내편으로 만드는 법
97 • 완벽주의형의 상사를 내편으로 만드는 법
99 • 냉담한 상사를 내편으로 만드는 법
101 • 적당한 타협이 성공을 이끈다
102 • 상대의 호의에 충분히 감사의 뜻을 전한다
103 • 안 되는 일은 안된다고 정확히 말한다
104 • 거절로 느끼지 않게 표현하는 법
108 • 리더에게 요구되는 여섯 가지 기술
111 • 인간관계는 충분히 습득될 수 있다

05 다섯번째 찬스 "화술"

마음의 문을 부드럽게 여는 기술로부터 기회는 찾아 온다

115 • 커뮤니케이션이란 무엇인가
116 • 왜 커뮤니케이션에 약한가
118 • 의사전달 습관을 체크한다
121 • 의사전달 습관을 고치는 방법
125 • 중요한 것은 만족에 있다
127 • 설득을 능숙하게 하는 방법
137 • 커뮤니케이션도 기술이다
139 • 말을 잘하기 위한 세가지 요소 — 인내 · 준비 · 실천력
140 • 당신도 훌륭한 강연자가 될 수 있다
142 • 좋은 인상을 찾는다
144 • 눈으로 호소한다
146 • 자신의 이야기 속에 상대방을 끌어들여라
147 • 대화에도 에너지가 필요하다
149 • 강연을 부드럽게 시작하는 요령
150 • 강연을 자연스럽게 마무리하는 요령
151 • 자신을 꾸미지 말라

153 • 편안하게 대화를 나누려면
154 • 자기 생각을 잘 정리한 후에 표현한다
156 • 남과 똑같은 위치에서 이야기한다
157 • 억양도 훌륭한 대화가 될 수 있다
158 • 이해시키기 위해서 거듭해서 이야기한다
159 • 상대편이 말하는 것을 잘 듣는다
160 • 사람을 끌어 들이는 감동적인 강연방법
162 • 자신있고 겸손하게, 열정을 가지고 진지하게
164 • 연설은 원고 작성에서부터 시작한다
165 • 원고작성을 위해 필요한 원칙

06 여섯번째 찬스 "배려"

손익 계산없이 내가 먼저 베풀때 기회는 찾아 온다

169 • 사람과의 관계는 영원한 문제로 남는가
179 • 사람과의 기본 예절은 인사이다
182 • 배우는 것은 수치가 아니다
185 • 성의를 다하여 사람을 사귄다
188 • 술자리에서 물러나는 경우는 없어야 한다
191 • 취미 생활로 대화에 활력을 넣는다
194 • 자신을 위한 투자로 인간관계를 넓힌다
198 • 써야 할 때는 과감하게 투자한다
201 • 다른 업종의 사람들과 폭넓게 사귄다
203 • 침묵도 뛰어난 교제술이 될 수 있다
205 • 믿을 수 있는 사람을 알아보는 방법
207 • 상대에게 뒷모습을 보이지 않는다
208 • 아침인사는 밝고 활기차게 한다
209 • 명함으로 첫인사를 시작한다

210 • 시계를 보는 행동은 가급적 피한다
211 • 상대를 위하여 바보가 되어라
212 • 내 시간이 소중한 만큼 남의 시간도 아껴라
213 • 말이 앞서면 십리를 못 간다
214 • 아첨과 칭찬을 구분한다
216 • 다정한 말 한마디가 천냥 빚을 갚는다
221 • 지나친 자기자랑은 삼가하라
222 • 이름을 기억해주는 것만큼 기분 좋은 일은 없다
223 • 유머는 생활을 활기차게 만든다

07 일곱번째 찬스 "처세"

끝까지 믿을 수 있는 사람이 내 곁에 있을때 기회는 찾아 온다

229 • 오른팔 부하는 평소에 양성해두어야 한다
230 • 과연 어떤 사람을 선택해야 하는가
232 • 당신이 믿는 부하는 이런 사람이어야 한다
234 • 그에게 이런 식으로 일을 맡겨라
237 • 당신의 오른팔에도 규제는 필요하다
238 • 직장생활에 활력을 불어 넣어라
248 • 실패를 가르쳐준다
249 • 당신 오른팔이 된 인물을 활용하라
251 • 성장의 기회를 준다
253 • 미래를 준비하라

첫번째 찬스 01.
"발견"

내안에 있는 미지의 가치를
세상밖으로 불러내는 순간, 기회는 찾아 온다

첫번째 찬스, 발견 01
나는 모험가인가

 **성공을 이룬 기업가들은** 어느 곳에서나 볼 수 있다. 그들은 돈을 가지고 기꺼이 모험을 하거나 어떤 착상 또는 계획을 추진하는데 자신의 명예를 걸기도 하면서 독자적인 꿈을 추구하고 성공하기 위해서라면 어떠한 희생도 감수하기로 결단을 내리는 사람들이므로 모두 모험가라 부를 수가 있다.

그럼 이들이 희생을 치르면서까지 얻을 수 있는 것이란 무엇인가?

우선 무에서 유를 창조했다는 기쁨을 느낄 것이며 스스로에 대한 적극적인 인식을 갖추게 될 것이다. 물론 재정적인 보상도 뒤따른다.

그러나 가치가 있는 일이라고 생각되는 일 중에 쉬운 일이란 없다. 남이 해내기 어려운 일을 이룩했을 때에야 자기 만족도 높고 다른 사람에게도 오래 기억된다.

첫번째 찬스, 발견 01
나는 충분한 자신감을 갖고 있는가

자신을 믿어야 한다. 회사에서 부하 직원이 자신의 명령을 따라주기를 바라면서 상사 또한 자신의 판단을 존중해주기를 기대한다. 그러나 먼저 자신을 믿지 않으면서 어떻게 남들에게 믿음을 강요할 수 있겠는가? 여기에 자신감이 결여되어 있다면 그것은 병이 아니라 증상에 불과하므로 그것의 원인을 추적해내기 위한 노력이 필요하다. 자신에 대한 부정적 인식은 당신에게 남아 있는 긍정적인 자부심마저 빼앗아 간다.

스스로 할 수 있다는 신념의 긍정적인 태도를 가지고 6개월마다 자신의 신상을 관리하기 위해 대차대조표를 작성한다. 나의 장점과 단점들이 기록되어 있는 목록을 만드는 것이다. 일을 뒤로 미루며 꾸물거리는 버릇이 있으면 결점을 목록에 적어놓고 정면으로 대결한다. 그러면 버릇을 극복하는데 도움이 될 것이다. 이때는 하기 싫은 일부터 반드시 먼저 해결하려고 노력하자. 이런 식의 노력이 계속 되다 보면 단점들을 적은 목록은 점점

줄어갈 것이다.

 자신의 부정적인 측면들과 대결하면서 스스로에 대해 보다 적극적인 인식을 갖자. 단점을 적어놓은 목록은 노력만 하면 모두 없앨 수 있는 것이다. 여러분도 이런 대차대조표를 작성해서 자신을 고쳐보도록 하자.

첫번째 찬스, 발견 01
자신의 사업에 확신을 갖고 있는가

　　　　　　　　　　"당신은 투자를 할 때 그 사업의 아이디어를 보고 합니까, 아니면 사업을 추진하는 사람들을 보고 투자를 합니까?"

어떤 기업가도 기적을 행하지는 못한다. 당신은 하루 16시간, 일주일에 7일을 일할 수 있지만 당신이 만든 제품이 쓸모가 없어지면 결국은 시간만 낭비한 셈이 되고 만다.

맹렬한 구두 세일즈맨이 있었다. 그 회사의 경영진이 바뀌면서 제품의 질이 떨어졌다. 한 여성고객이 자기가 사려고 고른 구두가 발에 너무 꼭 낀다고 불평했다. 그는 조금 늘려보자고 제의했다. "나는 그 구두를 쥐고 잡아당겼지." 세일즈맨은 말했다. "그러자 구두가 쭉 찢어지지 않겠어? 넝마조각이 되고 만 거야. 나는 그 고객에게 사실을 말해주고는 곧바로 사표를 내버렸다네."

여기서 얻은 교훈은 간단하다.

'권해주는 자신조차 살 생각이 없는 물건은 팔지도 말아라.'

첫번째 찬스, 발견 01
희생할 각오가 돼 있는가

 고통을 감수하지 않으면 아무것도 얻지 못한다는 말이 있다. 이 말은 말 그대로 모든 기업가들이 신조로 삼아도 좋은 말이다. 시간을 잊어버리도록 하라. 하루의 근무 시간이 몇 시간이며 어느 정도 일해왔고 어느 만큼 남았는가를 계산해둘 필요가 없다.

어떤 세일즈맨이 있었다. 그는 젊은 시절에 토요일도 평일과 다름없이 일을 했다고 한다. 그리고 맡은 지역에 눈보라가 엄습했을 때, 그것은 장애물이 아니라 그에게는 하나의 기회였다. 경쟁자들이 눈보라를 피해 집에 틀어박혀 있다는 데에 생각이 미치자 그는 눈보라를 기회로 삼아 제품을 좀더 많이 팔아야겠다는 충동을 느꼈다고 한다. 눈은 허리까지 묻힐 정도로 깊이 쌓여 하루종일 낯익은 얼굴이라곤 하나도 볼 수 없을 때, 가방을 둘러메고 눈보라를 헤치며 가가호호 방문하는 그를 고객들이 얼마나 반기던지 놀라울 지경이었다고 한다. 자신의 사업을 벌이면 수입이 일정치 않게 되고, 또 직장 생활

을 하면서는 당연히 받는 것으로 여겨온 갖가지 혜택도 잃게 된다. 그리고 줄곧 생활해왔던 생활양식에는 색다른 변화가 일어날 것이다. 저녁식사 시간에 맞추어 집에 돌아가지 못할지도 모르며 한가로운 주말을 보내는 일도 드물어질 것이다.

  당신 자신을 한번 돌아보라. 지금 당신은 희생할 각오가 돼 있는가.

첫번째 찬스, 발견 01
나는 기회를 포착할 줄 아는가

   기회를 잡는다는 것은
매우 중요하고 핵심적인 자질에 속한다. 사업을 벌이면 일어날 수도 있는 모든 측면을 철저히 검토하는 습관이 몸에 배어야 한다. 그리고 이렇게 자문하라.

"이 일은 내게 어떤 이익을 가져다줄 수 있을까?"

이것은 쉽게 터득될 문제는 아니다.

어느 발명가가 있었다. 그 발명가는 두 조각의 나일론 조각이 후크나 지퍼, 똑딱단추 없이도 어떻게 서로 달라붙는가를 실험을 통해 발명해냈다. 그 발명품은 결국 브래지어 제조에 응용되어 상상할 수 없을 만큼의 발명 효과를 보았다.

그 발명품은 나중에 벨크로(Velcro. 속칭 찍직이)란 상표로 시장에 나왔다. 결국 이 제품은 일상 생활의 필수품으로 정착되어 제품 어디에서나 사용되지 않는 일이 없다.

첫번째 찬스, 발견 01
결단력이 있는가

 기업을 운영하는 일에는
결단력이 있어야 한다. 기업가로서 당신이 의지할 수 있는 사람은 당신뿐이다. 종종 시기가 당신에게 행운의 미소를 짓지 않는 상황에 처하게 될 때도 있다.

주름살 방지 크림을 신제품으로 개발한 회사가 있었다. 오하이오주의 백화점을 통해 뉴욕의 유명한 미용사까지 초청해 대대적인 판촉 활동을 벌였다. 그러나 비행기를 타고 와 그 신제품 사용법을 시범 보이기로 한 미용사가 갑자기 병이 나서 올 수가 없게 되었다.

회사에서는 여간 난처한 것이 아니었다. 그래서 그 회사는 직원 한 명을 지명하여 남은 24시간 동안 비서 한 명을 모델로 삼아 화장술 속성과정을 밟았다. 그 아가씨의 얼굴이 거칠거칠해질 때까지 연습과 연습을 반복했다.

첫 번째 고객인 백화점 사장 부인의 방문과 함께 신제품의 효능을 입증할 순간이 다가왔다. 그 직원은 크림을 여자의 얼굴에 발라주었고 그 여자는 아무 논평없이 떠

났다. 이틀 후 그 여자가 다시 찾아왔다. 자기 남편이 우리 회사 제품의 화장효과를 칭찬했기 때문에 주문을 하러 온 것이었다.

역경에 처했을 때 신속하고 적극적인 대응책을 마련한 것이 난처함에 빠진 회사를 살려낸 것이다.

첫번째 찬스, 발견 01
솔선수범할 용의가 있는가

　　　　　　　　　당신이 하루 두 시간 외에는 업무에 신경을 쓰지 않고 나머지 여섯 시간은 골프 치는 일에 몰두한다면, 당신은 부하직원들에게 최선을 다하라고 요구할 자격이 없다. 결코 직원들에게 당신조차 하고 싶지 않은 일을 하라고 요구할 수는 없다. 오히려 그들보다도 훨씬 더 열심히 일하는 모습을 보여주어야 한다.

첫번째 찬스, 발견 01
당신의 잠재력을 최대로 발휘하려면

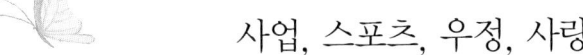　　　　　　사업, 스포츠, 우정, 사랑 등 우리들이 살아가면서 행동하는 모든 활동에서 성공하느냐 못 하느냐는 우리 자신이 가지고 있는 자기 확신의 이미지에 따라 크게 좌우된다. 자기의 가치에 확신을 갖고 있는 사람들은 자석과도 같아 성공과 행복을 끌어들이며 좋은 일들을 하나씩하나씩 손아귀에 잡아들여온다. 그들의 대인관계는 오랫동안 지속되며, 계획하는 일은 대개 좋은 결과를 가져온다. 그들은 가는 곳마다 기쁨을 잡는다.

그와는 반대로 실패와 불행을 자석과도 같이 끌어들이는 사람들도 있다. 그런 사람들은 계획하는 일마다 빗나가며 잘 될 것 같던 일도 망쳐버리기가 일쑤이고 무엇하나 제대로 되는 일이 없어 보인다.

그들의 문제는 대개 자기 자신을 있는 그대로 받아들이지 못하는 데서 발생한다. 그래서 그들로 하여금 하는 일에 자신을 가질 수 있도록 도와주기만 한다면, 그들이 지닌 문제는 저절로 사라지는 경우가 많다.

✲ 파워포인트

과도한 동기 조성이 없다 하더라도 많은 것을 성취하고 있다는 사실에 의해 자기의 성격에 맞는 건전한 야심을 깨닫게 될 것이다.

    어떤 사람이든 스스로 자아 인식의 틀을 바꿀 수 있다. 자신에 대해 별로 좋은 이미지를 갖고 있지 않은 사람이라고 해서 평생 불행과 실패만 겪으며 살라는 법은 없다.

    부정적인 태도를 버리고 자기의 꿈을 실현할 수 있다는 밝은 신념과 미래를 건설하기 위해 필요한 확신을 가지고 있다면 지금부터 시작하더라도 늦지 않는다.

첫번째 찬스, 발견 01
못하는 것보다는 할 수 있는 것에 초점을 맞춘다

작은 키의 풋내기 어떤 여배우는 제약이 될 수 있는 자신의 한계를 극복하려는 마음가짐에 힘입어 역사상 가장 키 큰 여왕으로 손꼽히는 스코틀랜드의 메리 여왕 역을 해낼 수 있었다.

그녀는 자신의 약점에 비관하지 않고 장점에 초점을 맞추었기 때문에 성공한 것이다. 두뇌나 용모, 재치가 남보다 못하기 때문에 열등의식을 느낀다는 사람들이 많다. 비교를 한답시고 주위에 있는 사람들을 두리번거리며 그들과 비교하는 버릇처럼 더 강렬하게 자신감을 갉아먹는 것은 없을 것이다. 그리고 실제로 살아가는 과정에서 자기보다 더 세련되고, 잘 생기고, 재치있는 사람을 만날 경우, 자신의 가치에 대한 인식이 줄어드는 것은 당연한 일일지 모른다.

두번째 찬스 02.
"열정"

남다른 색깔과 감성,
그리고 욕심으로부터 기회가 찾아 온다

두번째 찬스, 열정 02
잘 할 수 있는 일에 모든 정성을 바쳐라

재능이 있다고 해서 성공하는 것은 아니다. 대개의 경우 문제는 선천적인 재능이 있느냐 없느냐가 중요한 것이 아니라 그 기량을 발전시켜 최대한 계발할 수 있느냐에 있다.

젊은 외과의사들은 좁은 공간에서 매듭을 짓거나 봉합하는 기술을 몇 달 동안 계속해서 실습한다. 그 의사의 전반적인 실력을 향상시키기 위해선 이런 사소한 기술들을 갈고 다듬는 것이 필수적인 과정이 되어야만 한다.

대부분의 사람들은 일단 낯선 분야에 관심을 가지고 일을 시작하지만, 일단 일이 힘들어지고 다른 사람들이 자기보다 앞서가고 있다는 생각이 들면 의욕이 꺾여지면서 손을 떼게 된다. 그러나 우리가 주어진 목표에 도달하기 위해선 따분하고 지루하더라도 포기하지 않고 갈고 다듬어야 하는 경우가 많다.

물론 시행착오를 통한 자기 관리를 찾아야 하는 사람들도 있다. 오랜 시간이 걸릴 수도 있고, 가는 길에서 막다른 골목을 만나게 될지도 모른다. 그러나 다른 사람들

이 당신보다 더 솜씨가 좋아 성공한 것처럼 보인다고 해서 용기를 잃거나 포기해서는 안된다. 대개의 경우 성패를 가늠하는 것은 타고난 재능이 아니라 끝까지 자신을 책임지는 추진력이기 때문이다.

두번째 찬스, 열정 02
성공할 수 있다는 확신을 가져라

　　　　　　만약 환자들의 마음에
수신기를 꽂고 자기 자신을 어떻게 평가하고 있는지를 듣는다면, 그 내용의 절대 다수는 부정적일 것이다.

"나는 또 꼴찌야. 별 수 없어, 당연하지 뭐."

"오늘 아침엔 내 머리 모양이 왜 또 이렇게 엉망이람."

"정말 바보 같은 소리를 했어. 그 여자가 멍청이라고 생각할 거야."

이런 내용이 날마다 머릿속에서 수천 개나 번뜩인다면 당연히 자신에 대해 스스로 느낀 이미지가 움츠러들 수밖에 없을 것이다.

자신감을 기르기 위해서 매일 할 수 있는 훈련이 있다. 그 중의 하나가 '상상' 또는 '시각화'다. 성공하기 위해서는 성공을 이룬 자기의 모습을 그려볼 줄 알아야 한다.

침착하고도 당당하며 자신만만한 태도로 어려운 일을 여유있게 대처해나가는 자기의 모습을 그려 보라. 운동선수들은 흔히 자신이 앞으로 취할 동작을 머릿속에 여러 차례 되풀이하여 그려본다고 한다. 그들은 골프공이나 테니스공을 완벽하게 치는 자기의 모습을 그린다. 우리 마음속에 그와 같은 긍정적인 이미지가 깊이 새겨진다.

그런 이미지는 우리의 무의식의 일부가 되어 결국 성공할 수 있다는 기대를 갖게 해줄 것이다. 사람들은 꿈을 버리고 두려움에 사로잡힐 때처럼 불안한 적은 없다고 한다. 상서로운 일이 일어나는 광경을 그려볼 수 있다면, 실제로 그런 일이 일어날 것임은 의심할 여지가 없다.

두번째 찬스, 열정 02
당신의 개성을 찾는다

　　　　　　　　　　내가 다른 사람들이 기대하는 그대로 행동하지 않기로 결심하는 순간 당신은 비로소 당신과 주변 사람들로부터 자유의 첫걸음을 시작할 수 있게 된다. 미국의 어느 오페라 가수는 무대 위에서 당당하고도 침착하게 연기를 해냈지만, 관객 앞에서 맛보았던 자신감이 사교적인 모임에서는 안개처럼 사라지는 것을 느꼈다. 그녀 자신의 모습이 아닌 다른 무엇, 다시 말해서 무대에서와 마찬가지로 거실에서도 스타가 되고 싶고, 되려고 했기 때문에 그녀의 무대 밖에서의 생활은 불편할 수밖에 없었다. 결국 그곳에 있는 사람은 그녀가 아니었다. 어떤 재치있는 사람이 농담을 하면, 그녀는 그보다 과장된 표현을 하려 했고 결국 생각처럼 멋지고 재치있는 표현이 나오는 것은 아니었다. 그녀는 결국 알지도 못하는 내용을 잘 알고 있는 척하며 우쭐댈 수밖에 없었던 것이다.

"나는 재치꾼이나 지식인이 아니라 오로지 나 자신으로 나타났을 때에만 성공할 수 있다는 걸 깨달았어요.

✼ 파워포인트
능력을 극단적으로 소모하는 것 같은 인상을 주어서는 안된다.
그렇게 하면 노력가로서의 명성을 얻을 것이다.

그때부터 나는 파티에 모인 손님들에게 감명을 주려하기 보다는 귀기울이고 질문을 하기 시작했어요. 말을 하게 될 때는 이목을 끌려하기 보다는 뭔가 보탬이 되는 말을 하려 했어요. 그러자 사교적인 모임에서 새로운 따사로움이 느껴지기 시작하더군요. 그들이 진정한 나를 더 좋아했기 때문이죠."

  타고난 성품과 성격에 충실하다 보면, 대다수의 사람들은 알게 모르게 자기 자신을 나타내는 일정한 규칙을 터득하게 된다. 그러한 자신만의 독특한 개성을 찾아 표현하는 것이 우리가 존재하는 이유가 될 수 있을 것이다. 획일화에 저항하면서 적으나마 자기 나름대로의 개성을 키워 나가는 것은 자주성과 자신감을 획득하는 방법이 된다.

두번째 찬스, 열정 02
서로 도울 수 있는 다양한 사람들과 사귄다

   대부분의 사람들은 온갖 기교로 자기의 이미지를 빛내려고 한다. 그러면서도 가장 손쉽게 도움을 구하고 요청할 수 있는 사이인 친구들에 대해서는 소홀히 하는 경우가 많다.

자신감은 일상생활에서 많은 사랑을 가꾸며, 자신의 존재를 확인해 갈 때 얻을 수 있다. 서로 아껴주고 보살펴주는 관계가 그물처럼 얽혀갈 때 당신은 자신과 타인에 대한 사랑 속에 푹 빠지게 될 것이다. 자신감이 결여되거나 타인과의 관계에서 문제를 느끼는 대다수의 사람들은 이미 친분이 있는 사람들과 서로 도와주는 관계를 가꾸기 전에 우선 새로운 사람들을 만나는 것이 문제라고 생각하고 있다. 그러나 실제로는 현재의 상태에서 친구 사이의 우정을 더욱 두텁게 하고 나서야 문제의 해답을 찾을 수 있다.

그런 의미에서 살펴봤을 때 가족과 함께 지낸다는 것만큼 중요한 일은 없다. 항상 내가 누구이며, 어디서 와서 어디로 가는가를 좀더 똑똑히 알게 되기 때문이다.

✱ 파워포인트
때로는 노력하는 것으로부터 창조적 휴식을 취하라.
그래야만 당신의 힘을 최고로 발휘할 수 있다.
높은 능력 수준을 계속할 수 있는 사람은 아무도 없다.

 자기 가문의 전통에 접하다 보면, 자신의 주체성은 한층 더 확고하게 다져질 수 있다. 이 세상에서 뛰어난 재능을 가진 모든 사람들에게 신경을 쓸 필요는 없다. 정작 중요한 것은 우리들이 지니고 있는 재능을 확인하고 그것을 열심히 갈고 다듬어 가능한 최상의 결과를 얻을 수 있도록 노력해야 한다. 그것은 바로 우리들에게 주어진 책임이기 때문이다. 장애자가 어려운 여건에도 불구하고 재능을 꽃피운 예는 많다. 중요한 것은 자신의 잠재력을 십분 활용했다는 사실이다. 행복과 마찬가지로, 자신감이란 오로지 그것만을 노리고 손을 뻗어 찾으려 하면 오히려 들어오지 않게 된다. 대개의 경우 그것은 하나의 부산물로 우리 손에 들어온다. 봉사나 작업, 우정이나 사랑 등에 몰입하다 보면, 어느 날 갑자기 자신감과 행복은 우리 곁에 찾아오게 될 것이다.

두번째 찬스, 열정 02
능력을 최대로 발휘하게 하려면

 **다른 사람의 능력이** 최대한 발휘될 수 있도록 용기를 북돋우어주는 사람들이 있다. 우리는 기업의 최고 경영자, 운동코치, 부모들 중에서 그런 사람들을 종종 발견하게 된다. 그런 사람들에겐 남을 분발시키고 용기를 북돋우는 탁월한 능력이 있으며 또한 사람을 분발시키는 뛰어난 솜씨 덕분에 그들은 무슨 일을 하든 간에 성공을 거둔다.

대부분의 사람들은 거의 누구나 경우에 따라 다른 사람들의 의욕을 북돋아야 하는 입장에 놓이게 된다. 또한 대부분의 경우 이런 능력은 타고나는 것이 아니라 만들어지는 것인 만큼 누구든 필요한 상황에 처하면 거의 예외없이 그런 능력을 발휘하게 된다.

다른 사람의 의욕을 북돋아주기를 원하는 사람이라면 쉽게 익힐 수 있는 중요한 원칙 몇 가지를 다음에 소개한다. 다음에 제시한 원칙들을 숙달시킨다면 인생의 가장 큰 즐거움 중의 하나를 맛볼 수 있을 것이다.

두번째 찬스, 열정 02
최선을 다한 후에야 결과를 기대할 수 있다

사람을 좋아하고 또 자신이 지도하는 사람들이 의욕에 차 있다고 믿고 있다면 그들로 하여금 최고의 능력을 발휘할 수 있도록 주변 환경을 만들어주어야 한다. 학생에 대한 교사들의 기대가 높으면 학생들의 학업성과도 상대적으로 향상된다는 연구 결과가 있다. 초등학교 신학기에 몇몇 교사들에게 학업성적이 향상될 가망성이 많은 기대 학생들을 배정했다. 그러나 선발된 기대 학생들은 사실은 무작위로 선정된 학생들이었다. 학기말에 테스트를 실시한 결과, 교사들이 잠재적 가능성이 많다고 진단한 학생들은 다른 학생들보다 지능지수(IQ)가 학기초보다 더 많이 높아진 것으로 결과가 나타났다. 교사들은 선발된 학생들이 일반 학생들보다 쾌활하고 호기심이 많기 때문에 따라서 후에 성공할 가능성이 더 많다고 생각했다. 교사들이 이들 학생들에게 많은 기대를 가졌기 때문에 그 학생들 또한 자신에게 많은 기대를 품을 수 있었던 것이다.

두번째 찬스, 열정 02
다른 사람이 원하는 일에 관심을 가진다

타인의 능력이 최대한 발휘될 수 있게 도와주는 것을 단순히 등이나 두드려주고 격려하는 말이나 몇 마디 던져주는 것으로 생각하는 지도자들은 앞에서 제시한 초기 단계를 무시하며 넘어가는 경우가 아주 많다. 우리는 그들에게 무엇을 신뢰하고 무엇을 좋아하며, 무엇을 싫어하는가를 자꾸 물어보아야 한다. 성실하고 부하를 아끼는 지도라면 자기가 맡은 사람들의 이야기에 귀기울이게 되고 그들의 입을 통해 그들이 문제로 삼는 것이 무엇이며 분발시킬 방법은 어떤 것인지 스스로 찾아보아야 한다.

두번째 찬스, 열정 02
성취 목표는 높을수록 유리하다

 경험이 많은 기업과 마찬가지로 훌륭한 지도자들은 구성원 각자의 개성을 대폭 인정해주는 대신에 자신은 그들에게 높은 기준을 제시함과 더불어 고집스러운 어떤 신조를 고수하는 면도 지니고 있다.

통솔방식은 통솔자에 따라 가지각색으로 비춰질지 모르지만 성공적으로 남에게 용기와 자부심을 심어주는 한 가지 태도는 변함없기 마련이다. 이상을 고수하고 남보다 뛰어난 일을 해내겠다는 헌신적 태도가 바로 그것이다.

두번째 찬스, 열정 02
실패는 누구에게나 있음을 상기시킨다

 실패를 성공의 디딤돌로
만드는 것은 또 다른 능력이 될 수 있다.

뉴욕시의 타운홀에서 데뷔한 젊은 흑인 성악가가 일찍이 깨우친 교훈 역시 바로 그것이었다. 이 흑인 성악가는 데뷔할 만한 기량을 충분히 갖추지 못했기 때문에 비평가들로부터 혹평을 받았다.

그 여자가 다니던 교회의 신도들은 푼돈을 모아 마리안 앤더슨이라는 이 무명의 여가수를 후원하기 위한 기금을 만들어 성악계 진출을 뒷받침했다. 그러나 그녀의 뉴욕시에서의 데뷔가 완전한 실패로 끝나자 그녀는 사람들을 볼 면목이 도저히 서지 않았다.

마리안에게는 타고난 재능이 분명히 있다고 사람들이 설득했음에도 불구하고 실의에 빠져 있었다. 당시를 회상하며 그녀는 말한다.

"내 목소리에 조금이라도 뛰어난 점이 있다면 그것은 믿음이 가져다준 것이에요. 믿음과 함께 '탁월함에 앞서 은총이 있어야 한다'는 우리 어머니의 말씀이 용기와 힘

을 가져다준 것입니다."

뛰어난 경영자들은 부하 직원의 실수를 예상하고 실수를 저지를 경우 즉시 갈아치우는 것보다 그 사람이 자신의 실수를 통해 교훈을 얻을 수 있도록 여유를 두고 기다리며 가르쳐주는 것이 더 효율적이란 점을 익히 알고 있다. 경영자는 실수를 두려워하고 염려하는 분위기에선 창의적이고 진취적인 순발력을 기대할 수 없다는 점을 알고 있어야 한다.

두번째 찬스, 열정 02
예를 들어 자극과 긴장을 준다

뛰어난 설득자는 이야기를 잘하는 사람들이다. 그들은 사람들은 대부분 일반적인 원칙론보다는 개별적인 체험을 통한 구체적인 실례를 들었을 때 쉽게 영향을 받는다는 것을 알고 있다.

저녁식사 자리에서 아버지가 자식들과 나눈 대화 내용을 돌이켜보면 대부분의 아버지들은 자식들에게 교훈을 주기 위해 훌륭한 사람의 이야기를 어떻게 효과적으로 이용했는가를 알 수 있을 것이다. 아버지는 사려 깊고 부드러운 말씨로, 낮에는 열심히 일을 하고 저녁에는 공부하는 사람이나 자신이 존경하거나 감탄해하는, 직접 만나거나 얘기를 나누어본 사람들에 대해 이런저런 말씀을 하셨다. 대부분의 성공한 사람들은 그들의 아버지가 자신을 성공의 길로 이끌어가기 위해 얼마나 힘껏 자신을 채찍질 했는가를 뒤늦게야 느끼게 된다. 이처럼 아버지들은 체험과 경험을 통한 실례적인 방식으로 실제 인물들을 예로 들어가며 그들이 직접 실천한 가치들을 자식들에게 설득력 있게 심어주려 노력했던 것이다.

두번째 찬스, 열정 02
함께하는 일에 자부심을 느낀다

 일부 지도자들이 일치감을 느낄 수 있도록 자기가 맡은 집단을 단결심과 서로간의 빈틈없는 성실성으로 뭉쳐 구성할 수 있는 것은 어떤 능력 때문일까?

월리엄 맨체스터는 '거인 맥아더 원수'라는 저서에서 더글러스 맥아더 대령이 1차 세계대전 중 자신의 부하들로부터 이끌어낸 대단한 충성심을 분석했다. 분석의 핵심은 '그도 부하들을 존중했다'는 것이다. 맥아더는 병적일 정도로 자부심에 차 있었음에도 부하들을 존중할 줄 알았다.

훌륭한 지도자는 사람들이 자기를 잘 따르도록 만드는 데 그치지 않는다. 더 나아가 조직원끼리 서로 존중하도록 만든다. 훌륭한 조직 안에서 사람들은 저마다 높은 수준을 지키기 위한 책임을 느끼기 마련이다.

세번째 찬스 03.
"용기"

내가 할 수 없으면,
남들도 할 수 없다는 마음을 품을때 기회는 찾아 온다

세번째 찬스, 용기 03
자신감이란 무엇인가

 **자신감이 결여되면** 자기가 지니고 있는 능력을 충분히 발휘하기란 어렵다. 늘 불안하고 직장 생활이나 가정 생활에서 성공을 거두는 일조차 매우 드물어진다.

자신감을 갖는 일에도 방법은 있다. 그리고 시간과 노력을 들여 체득된 자신감은 쉽게 무너지지 않는다.

우선 우리들이 이해해야 할 것은 도대체 자신감이 어떤 것이고 그 실체를 파악할 수 있는가이다.

자신감이란 당신에게 주어진 어떠한 문제에도 충분히 대처하고 그것을 극복할 수 있다는 내면의 확신이다. 자신감이 넘치는 경영자는 어떤 계획이라도 성공시킬 수 있다고 믿고 행동으로 옮긴다.

이런 패기와 기백이 있으면 어떠한 어려움이 닥쳐오더라도 전력을 기울여 사태에 대처할 수 있다. 실제로 일어나지도 않는 일을 끙끙 앓으면서 노력과 시간을 허비하는 것은 더없이 어리석은 짓이다. 앞으로 발생할지 모르는 일에 대하여 사람들은 도대체 얼마나 많은 시간을

✱ 파워포인트

성공은 보통 다음 성과에 박차를 가한다.
적절한 동기 조성을 간직하고 있는 한 성공에 의하여 업무능률을 올리기 위한 능력은 촉진된다.

들여 걱정만 하고 있는지 자문해보라.

두 사람의 석유 판매업자가 있었다. 한 사람은 자신만만했지만 또 한 사람은 전혀 자신감이 없었다. 급속한 수요증가에 대처하려면 더 많은 트럭이 필요하고 설비 확충도 필요했다. 물론 사람도 있어야 했다. 이런 모든 문제 중에서도 가장 필요한 것은 돈이었다.

그런데 자신감이 없는 사나이는 이런 위급한 상황에서도 은행에 가서 돈을 대출받을 용기가 좀처럼 없었다.

그는 자신의 사업을 설명하면서 얼마 정도의 돈이 필요하다는 것을 충분히 납득시킬 자신이 없었다. 장부 정리를 늘 다른 사람에게 부탁하는 바람에 그는 손익계산서나 대차대조표도 본 일이 없었다. 그는 돈 문제만 발생하면 전혀 자신감이 없어지는 것이었다.

반면에 다른 사람은 사업 확장에 대하여 충분히 생각을 해두었고 청사진까지 준비해놓고 있었다. 그는 자기 사업이 어떻게 발전해왔고 현재 상황은 어떠하며 장래 계획은 어떻게 될지를 잘 이해하고 있었다. 그는 은행에

가서 완벽하게 취지서를 제시했다. 은행에서는 곧 돈을 마련해주었다. 그리고 그때보다 4배 규모로 사업은 확장되었다. 그리고 자신감이 없어 은행 융자조차 받을 수 없었던 또 다른 사나이는 그에게 밀려나 사업에서 완전히 손을 뗄 수밖에 없었다.

자신감이 두 사나이의 운명을 결정한 것이다.

세번째 찬스, 용기 03
자신감은 일의 양을 반으로 줄인다

　　　　　자신감은 조직 안에서
강력한 영향력을 행사한다. 일할 능력이 있는 사람은 일반적으로 다른 사람이 맡은 일까지도 해낼 힘이 있다. 그것은 어디에서 기인하는 것일까. 바로 자신감이다.

　자신감이 있는 상사는 부하를 훈련시키는 일도 자신있게 처리하므로 조직의 운영에도 효율성을 발휘한다. 그는 일과 책임을 분담할 줄 안다. 아무 지시가 없더라도 틀림없이 일은 만족을 가져다주며 일일이 일하는 방법 따위로 걱정할 필요가 없다. 그는 일을 좋아하고 열심히 그를 따르는 부하가 질문을 할 때 성실히 대답해 주기만 하면 된다.

세번째 찬스, 용기 03
자신감은 목표에서 출발한다

 　　　　자신감은 성공 체험이
몇 번이나 되풀이되면서 얻어질 수 있는 경험의 산물이다. 회사에서나 가정에서나 성공이 되풀이되는 경험 속에서 자신감은 당신의 온몸 구석구석에 달라붙는다.

일단 목표를 세운다. 목표라고 해서 거창하거나 어렵게 생각하지 않아도 된다. 댄스를 배운다든가, 아내와 입씨름을 하지 않는다든가, 애들과 함께 놀아줄 시간을 갖는 정도라면 좋지 않을까.

회사일이라면 예컨대 승진이라든가, 노사 관계의 개선이라든가, 시장 점유율을 높인다든가……. 아무튼 이루어놓을 수 있는 구체적이고 현실적인 목표를 정하는 것이 중요하다.

세번째 찬스, 용기 03
명확한 목표를 갖고 행동으로 옮겨라

   **명확한 목표를 정하라.**

일단 목표가 정해지면 다음 실질적인 작업은 당신이 직접 움직여야만 한다. 뭔가 시작했다는 것은 시작한다는 사실 자체만으로도 대단한 일이다. 누구나 스스로 정해놓은 목표는 있다. 그렇지만 언제 어떻게 그 목표를 향해 스타트해야 하는지 그것을 아는 사람은 드물다.

적절한 스타트는 무엇을 어떻게 시작하든지 성공을 위한 중요한 요소이다. 그러나 실제로 스타트가 의외로 간단한 일임을 시작해 본 사람이라면 누구나 깨닫게 된다.

다음에 열거하는 다섯 가지의 단계를 염두에 두고서 당신도 시작해보자.

(1) 당신이 해결해야 할 문제가 무엇인가 확실하게 정한다. 당신은 무엇을 해야 하는가. 당신의 앞날에 어떤 찬스가 기다리고 있을까.

(2) 몇 가지 안을 검토하고 성공 가능성이 가장 높은 안을 하나만 선택한다.

✱ 파워포인트
정말로 엄청난 아이디어라고 생각하는 것이라면,
남이 말리더라도 신경을 쓰지 말아라.

(3) 목표를 달성하기 위한 최선의 방법을 결정하라.

(4) 여기서 다시 한 번 출발점에 되돌아와 모든 계획을 신중히 재검토하고 자기가 택한 목표가 현명한 판단이었는지 확인하라.

(5) 출발하라. 그리고 행동에 옮겨라.

이상의 다섯 가지 단계를 밟아서 계획을 실행하면 목표를 달성하는 능력이 결핍되어 있지 않은가 하는 자신감의 결여, 혹은 이런 일은 도저히 할 수 없다는 무력감, 우유부단함은 단번에 날아가버릴 것이다.

세번째 찬스, 용기 03
자신감은 신용을 기반으로 한다

당신이 정말 자신감을 갖고 싶다면 다른 사람의 신용을 얻는 데 주력하면 된다. 동료, 상사, 부하, 고객, 그리고 일반의 신뢰를 통해 당신의 자아는 확립될 수 있을 것이다.

신뢰를 받기 위한 네 가지 방법을 열거해보자.

(1) 자신이 무슨 일을 해야 하는지 정확하게 알아둘 것.

하나에서 열까지 일을 배우고 난 후 당신에게 가장 적합하다 생각되는 부분에 당신을 투자하라.

(2) 다른 사람이 당신을 신뢰하도록 만들라.

결국 저 사람의 말은 신용할 수 있다는 믿음을 심어줄 수 있는 사람이 되어야 한다.

(3) 저 사람은 일을 잘 한다. 저 사람의 서비스는 훌륭하다는 평판을 받아라.

일단 그렇게 인정을 받게 되면 애써 노력하지 않더라도 당신은 사람들 사이에서 인정을 받게 된다.

(4) 일상 생활에서도 개인적인 목표를 이루기 위해 노력하라.

당신이 만들어놓은 황금률에 따르라. 그리고 원하는 것이 있다면 오히려 남에게 베풀라.

세번째 찬스, 용기 03
자신감을 보여주는 시작은 첫인상이다

남에게 신뢰받기 위해 가장 먼저 생각해두어야 할 부분이 첫인상이다. 위에서 제시한 네 항목은 대체로 장기적인 안목에서 살펴볼 경우의 신뢰 획득법이었다. 다음에 열거하는 것은 사람과 처음 만난 순간에 신뢰를 얻을 수 있는 방법을 열거해놓은 것이다.

(1) 모든 것이 잘 되고 있는 것처럼 보여주고 또 사실 그렇게 행동하라. 당신이 성공하고 있는 것처럼 보이면 사람들은 '아, 저 사람은 생기 있구나' 하고 생각하게 된다.

(2) 상대의 눈을 똑바로 보라. 상대의 눈을 쳐다보는 것을 정직한 사람의 증거라고 생각하는 사람이 아주 많다.

(3) 남과 같이 있을 때는 편안한 자세와 마음가짐을 가져라. 당신이 편안하게 상대방을 대하면 상대방도 당신과 편안한 자리를 만들어갈 것이다.

세번째 찬스, 용기 03
지피지기면 백전백승이다

 자신감을 갖는 방법에 대하여 생각해보자. 우선 사람을 빠르고 정확하게 판단하는 요령을 배운다. 어떤 인물인가 알게 되면 상대를 마음대로 움직일 수가 있게 된다. 그렇게 되면 당신의 자신감은 더욱 높아질 것이다.

다음은 사람을 보는 눈을 기르기 위한 방법 몇 가지이다.

(1) 이제부터 만나게 될 사람에 대하여 알아두어야 할 사항은 모두 조사한다.

(2) 상대를 자세히 관찰하라. 옷, 회사, 가정, 친구, 관심사, 버릇, 태도 등 상대방과 관계된 모든 것을 연구한다.

(3) 상대방이 말하는 것에 귀기울여라. 그의 생각이 잘 정리되어 있는가, 정리된 생각이 제대로 표현되고 있는지를 면밀히 살펴본다.

(4) 당신이 관심을 가지고 있는 인물에 대해서 그는 어떻게 생각하고 있는지 질문해보는 것도 좋은 방법이다.

세번째 찬스, 용기 03
당신을 성공으로 이끄는 견인차

 목표에 도달하기 위해
서는 충분히 능력을 발휘하여 훈련을 쌓는 노력이 필요하다. 본서에는 당신을 계발시킬 수 있는 자료가 많이 있다. 예컨대 이 장에서는 당신이 원하는 목표를 정하고 그 목적을 달성하기 위해 어떻게 하면 좋은가를 자세히 기술하고 있다.

자신감을 가지고 일을 순조롭고 완벽하게 해내는 데는 건강을 유지하면서 스트레스로부터 해방되지 않으면 안 된다.

자신감은 성공의 여부, 혹은 성공과 실패 사이에서 오는 차이라고 생각된다. 비즈니스에 있어서, 또 개인 생활에 있어서 다른 무엇보다 중요한 것은 당신 자신의 성장이다. 그렇기 때문에 가능한 모든 노력을 통해 자신감을 가질 수 있도록 노력한다.

세번째 찬스 용기 03
자신감과 적극성으로 승부한다

　　　　　　　　　어려서부터 남을 인정해
주느라고 자기 자존심을 희생해온 사람들이 많다. 그런 사람들은 단지 남에게 안된다고 거절할 줄을 모르기 때문에 그로 인한 괴로움을 겪는다. 어쩌면 당신도 다른 사람에게 지시를 내릴 때마다 주저할지 모른다. 딱 잘라 거절하기 어려워하고 망설일 수도 있다. 원만한 인간관계는 진심에서 우러나오는 존경심과 수월한 의사소통, 그리고 타인에 대한 다정한 태도로 이루어진다. 그러나 슬프게도 현실은 그렇지 않다. 어떤 사람들은 끊임없이 남을 몰아붙여 따지고 요구하고 떠보다가 급기야는 반발을 사게 만든다. 그런가 하면 그러한 시련에 대항하지 못하고 언제나 피해만 보다가 결국은 자신을 합리화시키는 사람들도 있다. 그러나 성격은 바꿀 수 있다. 인격을 보호하면서 아울러 남에게 존경심을 불러일으키는 방향으로 감정과 원하는 바를 적극적으로 추진함으로 충분히 변할 수 있다. 그 첫 단계는 소극적인 사람들에게서 흔히 볼 수 있는 좋지 않은 점으로 잘못된 의사전달 습관을 인정하고 바로잡는 일이다.

네번째 찬스 04.
"관계"

사람과 사람사이의
따뜻한 교감으로부터 기회는 찾아 온다

네번째 찬스, 관계 04
사람을 다루는 비결에 성공이 있다

   **독점판매권을 가진** 식
품점을 개업하려는 사람이 있었다. 그는 이미 그런 가게를 가지고 있는 친구와 사업에 관하여 이야기 하기를 원했다. 이제부터 사업을 시작하려는 친구는 지금까지 모은 돈을 그 비즈니스에 투자하기 위해 도움이 될 수 있을 만한 충고를 듣고 싶어했다.

"이 장사에서 성공한 비결은 무엇인가. 가르쳐줄 수 있겠나?"

"별로 비결이랄 건 없네."

가게를 갖고 있는 사나이는 말했다.

"그러나 자네 가게는 아주 번창하고 있지 않은가."

"말이야 간단하지만 실은 생각처럼 쉬운 일은 아닐세."

"그게 무슨 뜻인가."

"한마디로 '사람을 어떻게 잘 다루느냐'라고나 할까. 인간관계를 잘하는 것 외에는 방법이 없다고 생각하네."

이상의 대화에서 보는 것처럼 잘 되고 못 되는 것이 큰

✱ 파워포인트

큰 문제를 잘 지켜 보아라. 그것은 큰 기회를 감추고 있기 때문이다.

차이가 있어서 결정되는 것은 아니다.

독립해서 개업을 하거나 회사에 고용되어 일하거나 결국은 마찬가지다. 어떤 직업이라 하더라도 항상 문제로 남는 것은 인간 사이의 관계이다. 남에게 고용되는 사람, 남과 공동으로 일하는 사람, 사람을 고용하는 사람 등 가지각색이지만 항상 얽히는 것은 사람의 문제이다.

우리들은 이것을 인간관계라고 말한다. 쉽게 말하면 사람들과 어떻게 잘 어울릴 수 있는가란 뜻이다. 예로 든 식품점 경영에서도 이 문제가 대부분을 차지하고 있다. 어느 경영협회에서 발간한 자료에 의하면 경영이란 사람을 통하여 일을 달성하는 것이라고 했다.

네번째 찬스, 관계 04
함께 일할 수 있는 환경

 **도대체 어떻게 해야** 원만한 인간관계를 맺을 수 있을까. 가장 이상적인 방법은 대립하지 않고 협력하며 일할 수 있는 여건 혹은 환경을 조성하는 것이다.

인간관계를 성공시키는 요인에는 두 가지가 있다.

하나는 남이 원하는 것을 당신이 해주는 것. 이것은 처세를 공부하는 사람의 황금률이다. 남을 대하는 태도는 당신의 업무 능력보다 우선적으로 신경을 써야 할 부분이다.

둘째, 중요한 관건은 사람을 다루는 요령이다. 이 요령을 체득했을 때 비로소 당신은 사람을 마음대로 움직일 수 있게 된다.

네번째 찬스, 관계 04
상대를 이해시키려면 먼저 이해하라

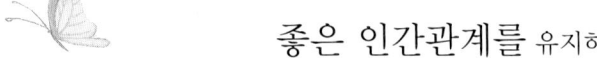 **좋은 인간관계를** 유지하려면 함께 일하는 사람들을 이해하고 있어야 한다. 이것은 매우 어려운 일이다. 어쨌든 똑같은 인간이란 전혀 없는 법이니까. 그러나 아무리 다르다 해도 욕구, 욕망, 특징 등의 사람 사이에 기본적으로 존재하는 공통점은 발견할 수 있다. 사람은 무엇에 반응하는가, 사람 사이에 존재하는 미묘한 요인을 이해하는 것은 지도력을 발휘하기 전에 기본적으로 익혀두어야 할 사항이다. 이것을 체득하면 사람을 움직이는 동기 유발점이 무엇인가 알게 되고 사람을 움직이는 요령을 체득하게 된다.

인간은 기본적으로 다음과 같은 네 가지 공통 분모를 가지고 있다고 한다.

(1) 다른 사람과 함께 있고 싶어하며 또 소속집단에 수용되기를 바란다.

(2) 대부분 변화가 생기면 적응하지 못하고 저항하기 마련이다. 하지만 습관은 손쉽게 형성된다. 새로운 일을

✸ 파워포인트

당신이 진짜로 하고 싶은 일이라면 절대로 포기하지 말아라.
큰 꿈을 가진 사람이 이런저런 현실을 잔뜩 가진 사람보다 훨씬 더 강하다.

시작할 때 남보다 빠르게 익숙해지는 사람이 있다. 따라서 사람의 습관을 변화시키려 할 때 한꺼번에 전환시키지 말고 서서히 움직이는 편이 좋다. 물론 거기에는 꾸준한 인내가 필요함은 두말할 나위가 없다.

(3) 누구든지 자기 자신은 중요한 존재라고 생각한다. 이것은 인간의 강렬한 소원이기도 하다. 여기에 덧붙여 두고 싶은 말은 매사에 상대편 입장에서 생각해야 된다는 것이다.

(4) 누구나 안전과 마음의 평안을 원한다. 따라서 일하는 당사자에게 일하는 솜씨가 훌륭하다며 자신감을 북돋워준다.

네번째 찬스, 관계 04
개인에 대한 차별성을 알아둔다

　　　　　　　　사람 사이에 차이가 발
생한다 해도 그것은 사소한 차이일 뿐이다. 그러나 이 작
은 차이가 세상에서 가장 큰 차이로 부각될 수도 있다.

사람 사이의 차이는 사고력, 감수성, 행동 세 가지 면
에서 구분되어진다고 한다. 그렇다면 차이가 발생하는
원인은 어디에 있을까. 남을 이해하려면 이 점에 대하여
고려해야 한다.

사람의 사고 방식은 그 사람의 지능, 교육, 논리적 사
고 능력에 의하여 차이를 발생한다. 사람의 감정은 공격
성, 상벌에 대한 반응, 노여움의 폭발점에 따라 규제를
받고 사고방식, 체력, 인내성, 협조성에 의하여 행동이
좌우된다.

이상에서 살펴본 바로 당신은 남과 어떤 점에서 다른
가를 연구하고, 이해해두는 것이 좋다. 그 사람이 어떤
인물인가 분석하는 힘, 바꿔말하면 사람을 보는 눈을 길
러두는 것은 남과 함께 일하고 또는 남을 부리기 위한
귀중한 재산이 될 것이다.

네번째 찬스, 관계 04
적극적인 자세로 일하는 의욕을 가진다

사람에게 일하려는 의욕을 환기시키기 위한 몇 가지 요소에 대하여 조사해보면 다음과 같다. 어떤 사람은 이 중 한 가지에만 몹시 강한 영향을 받을지 모르고 다른 사람을 움직이려면 더 많은 요소를 생각해야 할지도 모른다.

(1) 사람은 자신의 노력에 대한 공정한 대가를 원한다. 무엇보다 고려해두어야 할 점은 그가 그것을 솔직하게 받아들이고 있는지 조사해보는 일이다. 자기가 한 일에 대해 대가로 무엇을 원하느냐고 물었을 때 보수라고 응답한 사람이 월등히 많았던 것을 보아도 알 수 있다.

(2) 누구든 가족이나 동료, 사회의 구성원으로서 중요한 존재로 인식되기를 원하고 있다. 이 점을 만족시키기 위해서는 칭찬을 하든가, 그에게 조언을 구하든가, 그 사람의 일에 관심을 표시하든가, 또는 사람에 따라서 사생활에 관해 대화를 나누는 방법을 취해본다.

(3) 상대방에게 기대하는 것이 무엇인가를 명확히 말한다. 도대체 무엇을 원하고 있는가를 자각하고 있는 사

✱ 파워포인트
좋은 아이디어가 떠올랐을 때 실행에 옮기는 것을 늦추지 말라.
성공은 처음으로 실행에 옮기는 사람에게 찾아온다.

람은 의외로 적다. 그리고 이러한 사실에 놀라지 않을 수 없다. 각자가 원하는 일이 무엇이며 그 내용을 구체적으로 적어서 제출하는 것이 좋은 방법이기도 하다. 경우에 따라서는 1대 1로 대화를 하고 조금씩 일의 내용을 읽혀주는 것도 좋다.

(4) 조직 속에서 승진하고 성장할 기회를 준다. 이 회사에서 더 이상 성장할 수 없다는 생각이 들면 누가 전력을 다하고 일하며 회사에 충성을 바치려 하겠는가.

(5) 잘하고 있는지 못하고 있는지 본인에게 일의 성과를 알려라. 미리 그 사람에게 일의 목표를 일러주고 자네가 한 일의 성과는 이 정도라고 알려준다. 필요에 따라서 여러 가지 자료를 원조해주는 것도 필요하다. 누구나 모두에게 일을 인정받으며 일원임을 확인받고 싶어한다는 것을 알아야 한다.

(6) 상황이 변하여 상사나 경영자가 어떤 태도를 취할지 예측할 수 있다면 일에 대한 만족도는 매우 커지게 된다. 리더가 변덕쟁이고 감정적이고 계획이나 방침을

✻ 파워포인트

'누가' 옳은지를 따지느라 시간을 보내기보다는 '무엇이' 옳은지를 결정하는 데 더 많은 시간을 보내도록 하여라.

이리저리 바꾼다면 아랫사람들은 균형을 잃고 혼란을 느낀다.

(7) 회사에 근무하는 사람이 회사의 상황에 밝으면 더욱더 열심히 노력하는 법이다. 대화의 중요성 및 기술에 대해서는 이미 앞에서 말했다. 가장 해도 좋은 방법은 지금 회사에서 무슨 일이 일어나고 있는가 뿐만 아니라 왜 그렇게 되었는가에 대해서도 사원들에게 상황을 알리는 것이다. 사원의 협력을 얻으려 할 때 꼭 이 방법을 권하고 싶다. 또한 대화는 일방통행이 아니라는 것도 알아두어야 한다. 아래 직원에게서 의견이나 아이디어가 올라올 때가 많다. 때문에 상사는 직원들의 의견을 신중하게 잘 들어주는 사람이어야 한다. 아랫사람의 의견을 듣고 정확한 평가를 내려야 하기 때문이다.

이와 같은 상호 대화의 통로를 열기 위해서는 고용원과의 관계가 항상 좋은 상태로 유지되지 않으면 안된다. 고용원과 대화하는 기회가 있다면 적극적으로 이용하라. 부하가 휴가계를 가져오거나 업무 지시를 받으러 올

✱ 파워포인트

사람들에게 이건 이래야 되고 저건 저래야 된다고 말하지 말아라.
그 대신 여기 필요한 것은 이것이고 저기 필요한 것은 저것이라 말해 주어라.

때를 기회로 삼으면 된다.

(8) 권한과 책임을 다른 사람에게 위임하고 자신은 더 큰 기획을 생각한다. 의사 결정은 가능한 아래 단계에서 이루어지도록 하라. 자유로워진 시간은 중요한 다른 업무에 할당한다.

위임을 할 때는 당신과 자주 연락을 취하도록 하고 일의 진척이나 문제점도 함께 보고하도록 지시를 내리는 것이 좋다.

(9) 부하를 야단칠 때는 사람이 없는 곳에서 앞으로 두 번 다시 같은 잘못이 되풀이되지 않도록 주의를 준다. 우선 정보를 수집하고 당사자가 잘못한 점을 생각한다. 꾸짖기 전에 뭔가 예전에 잘했던 점을 찾아 칭찬해주면 의외로 설득이 쉬워진다. 주의해야 할 것은 질책을 받아야 할 당사자만 불러 야단을 친다.

어떤 회사의 사장은 사원 모두가 있는 앞에서 간부를 질책하는 고약한 버릇이 있었다. 당시 대학을 갓나온 신출내기의 눈에 그 사람의 5배, 10배나 연륜이 쌓인 중견

✽ 파워포인트
많이 웃어라.
훌륭한 유머 감각은 인생사의 많은 질병을 썩 잘 치료해주기 때문이다.

들이 모든 사람이 보는 앞에서 머리를 사장에게 조아리는 것이 보였다. 좋은 아이디어가 떠오른다 해도 그 의견을 제출하고 실행하는 데는 상당한 용기와 행동력이 필요할 것같이 내비쳤다. 이 회사는 그런 연유에서인지 퇴직자가 굉장히 많았다.

(10) 사람을 칭찬하고 신용하는 것이 필요하다. 부하가 일을 잘 하고 있을 때는 칭찬과 표창을 아끼지 말아라. 의욕을 북돋워줄 수 있고 자신감을 갖게 할 수도 있다. 꾸짖을 때는 사람이 없는 곳에서, 칭찬할 때는 사람이 많은 앞에서, 이것이 요령이다. 보답은 두 배가 되어 돌아올 것이다. 부하는 인정받은 것을 기뻐하고 당신은 썩 괜찮은 조직을 만들었다는 보증을 받는 셈이 된다.

(11) 부하는 부리는 것이 아니라 함께 일하는 사람이다. 지배만으로는 효과를 거두기 어렵다. 그저 예스맨을 기를 뿐이다.

(12) 지시나 요망으로 충분히 될 수 있는 경우는 명령이란 형식을 취하지 말라. 사람이란 남의 명령이 아닌

✱ 파워포인트
어떤 사람이 어떠한 인간인가를 알려고 하는 것뿐만이 아니고
그 사람의 행동의 이유에 대해서도 생각하라.

자기 자신의 명령으로 움직일 때 몇 배의 효과를 올릴 수 있다. 그리고 왜 이 일을 자기가 맡게 되었는가를 알게 되면 열심히 일하게 된다.

(13) 기획 단계부터 부하를 참가시켜라. 처음부터 기획에 참가하면 지금 진행중인 일은 우리가 기획한 것이다, 잘 해보자는 의욕이 저절로 솟게 된다. 또 한 가지 이점은 현장에서 여러 가지 아이디어가 속출되어 계획 수행에 매우 큰 힘이 되어준다는 것이다. 잊어서 안될 것은 계획이 어떻게 진행되고 있는가 알리는 기회를 만드는 일이다. 일의 진행 상황을 알면 모두가 힘이 되어줄 것이다.

(14) 구체적인 사례를 명시하여 부하에게 기대하는 것이 무엇인지 주지시킨다. 약속 시간에 늦지 않는다든가, 점심 시간이 끝나면 곧 일을 시작한다든가, 해야 할 일이 있는데도 골프 치러 가는 일이 없어야 한다든가 하는 식으로 직접 솔선수범하여 아랫사람에게 모범을 보인다.

(15) 아랫사람에게 조언을 구하고 그들을 믿고 있다는

태도를 보여준다. 각자의 자존심을 충족시키고 더욱더 열심히 일하도록 유도할 수 있다. 아랫사람이 어떤 아이디어를 냈을 때 아무리 시시한 것이라도 끝까지 들어줄 것. 그들이 아이디어를 만들었을 때 제출받는 것이 목적이지 그들의 아이디어로 사업을 성공시키는 것이 목적은 아니다. 혹시 다음에 나오는 아이디어가 100만불의 아이디어가 될지는 아무도 모르기 때문이다. 아이디어는 무겁고 딱딱한 환경에서는 아무리 좋은 생각이 떠올라도 아무도 그것을 제안하려 하지 않는다. 많은 아이디어가 나오기를 원한다면 왜 채택되고 또는 기각되었는가 이유를 명확히 알려주어야 한다. 이것은 아랫사람의 사기와 의욕을 높일 수 있기 때문이다.

아이디어가 채택되면 제출자에게 그가 직접 수행할 것을 부탁하라. 그는 개인적인 책임을 느껴 아이디어를 발전시키고 실현하기 위해 매진할 것이다. 경영자는 부하와 함께 씨를 뿌리고 그것을 육성시킨 후에라도 마치 아랫사람이 혼자 해낸 것처럼 공을 돌리는 일에 인색하지

않아야 한다. 이 방법은 틀림없이 성공할 것이다.

(16) 말하고 싶은 것이 있거나 발표를 해야 할 때 신중히 고려하는 습관을 기른다. 어휘의 선택을 잘못하거나 싱글거리거나 찌푸린 얼굴을 하거나 하품하거나 부주의하게 어깨를 움츠리거나 하면 부하는 의욕을 상실하고 일의 능률을 떨어뜨릴 수 있다. 단순히 표현의 잘못으로 유능한 부하가 당신 곁을 떠날 수 있다는 사실을 명심하라.

(17) 개인적인 영향이 될 수 있다면 사전에 본인에게 알려준다. 사소한 배려를 통해 본인은 더욱더 팀의 일원이라는 자부심을 강하게 느낄 것이다. 변경이 있다면 이유를 분명하게 명시하라. 이런 과정은 의견이 분분한 문제가 생기더라도 협조가 가능해진다.

네번째 찬스, 관계 04
협력은 투자이다

 당신은 아랫사람을 관리하는 입장에 있지만 동료, 상사의 위치를 무시할 수는 없다. 그런 사람들과 어떻게 협조를 할 수 있는가는 잠시 뒤로 미루고 먼저 협력에 대해 생각해보자.

좋은 성과를 남길 수 있느냐 없느냐는 다른 사람에게 협력을 얼마나 끌어낼 수 있는가에 달려 있다. 다른 사람의 우호와 협력을 얻는 능력은 성공을 위한 귀중한 도구이며 인내력, 이해력, 남과 잘 어울리는 능력, 이 세 가지만 있다면 당신의 성공은 보장된 것이나 마찬가지다.

타인의 협력을 얻는 가이드라인을 몇 가지 살펴보기로 한다.

우선 적극적으로 협력을 구해야 하고 도움이 필요한 사람에게 자진하여 도움을 주어야 한다. 회사에는 많은 사람들이 있다. 무엇이든 남의 손을 빌려고 하는 사람, 절대 남의 손을 빌려고 하지 않는 사람 등 여러 부류의 사람이 존재한다. 너무 고지식하게 자신의 수법을 고수

✱ 파워포인트
처음 대하는 사람을 결코 어떤 타입의 사람으로서 보려고 해서는 안된다.
그것은 당신의 판단을 너무나 단순한 것으로 만들어 버리기 때문이다.

하기 때문에 다른 사람이 끼어들어갈 여지가 없는 사람도 있을 것이다. 사람에 따라서 취해야 하는 방법은 각각 다르다.

둘째로 사람과 일에 대한 취급은 충분히 생각한 후에 결정한다. 지금 어느 부분이 잘못 진행되고 있다, 혹은 누군가 실수를 범할 것 같다, 또 긴장이 풀어지고 있다고 가정하자. 이럴 때 발끈해서 그 따위로 하면 되느냐고 비난할 수도 있겠지만 차분하게 다시 생각해보자. 그들은 이미 자신이 가진 문제점에 대해 충분히 알고 있을 것이다. 일부러 그들의 약점을 폭로할 필요는 없다.

비난을 하면 반감만 살 뿐이다. 이쪽에서 뭔가 좋은 제안을 하더라도 역으로 쓸데없는 참견이라고 생각할 수도 있다. 이럴 땐 그들이 곤란한 상황에 놓여 있으며 힘들어 하고 있음을 잘 안다고 동조해 본다. 그리고 당신이 생각하고 있던 제안을 넌지시 권하며 여러분이라면 훌륭히 이 난관을 돌파할 수 있을 것이라는 말을 첨가한다.

계획을 제출할 때 스케줄도 함께 만들어 착실히 지키

도록 하자. 그리고 계획과 관계있는 사람의 사정을 염두해두고 계획을 시작하는 것이 좋다. 도중에 계획이 예정대로 진행되지 못하는 상황을 사전에 체크하기 위해서이다. 회의를 소집하는 것도 방법이다. 그리고 만약 어떤 차질이 생겨 계획을 스케줄대로 완성하기 위해 추가 인원이 필요하다면 그것을 인정받을 수 있는지 상사에게 의논할 필요가 있다. 멤버 가운데 당신의 승진을 불쾌하게 여기는 사람도 있어 여러모로 방해될 경우를 예상해야 한다. 이것은 출세가도를 걷는 사람이 주의해야 할 점이다. 자기와 이해관계가 있는 사람을 다룰 때 외교적 수완이 필요한 이유가 바로 이것이다.

네번째 찬스, 관계 04
반대의견을 예상한다

회의가 있을 때 반대할지도 모르는 의견이나 질문을 다른 각도에서 검토한 후 회의에 참석한다. 이런 질문을 받을 것 같다든가, 반대의견이 있을 경우를 기억해두었다가 어떻게 대답해야 하는가 곰곰이 생각해둔다. 어떤 질문이 나올 수 있을지 예상할 수 있으면 회답을 미리 준비해두자. 만약 당신에게 외교적 수완만 있으면 의견을 달리하는 사람을 당신 편에 끌어들일 수 있을 것이다.

나이가 많은 선배 간부는 당신의 진실 여부나 열의를 시험해보는 식의 심술궂은 질문을 던질 때도 있으니 당황해 하지 말고 조심스럽게 당신의 의견을 얘기한다. 아무래도 당신의 의견이 불충분하다고 생각되어도 낙심하거나 상처받을 필요는 없다. 지금은 눈물을 삼키고 물러서지만 아이디어를 관철시키고야 말겠다는 다짐만 충분하면 되기 때문이다.

네번째 찬스, 관계 04
상사와 원만한 관계를 유지하려면

 당신은 직장 상사들과
좋은 관계를 유지하고 있는가? 좋은 관계는 비단 당신
한 사람에게만 유익한 일이 아니다. 당신이 성공의 사다
리를 올라간다면 당신의 상사 및 회사까지도 성공의 여
파가 몰리는 셈이 된다.

(1) 상사의 말에 귀기울인다

대개의 경우 우리는 상사의 말에 그저 귀기울여 듣는
척 한다. 우리는 상사가 동의하는지 반대하는지 눈치를
살피거나 자기가 어떤 반응을 보여야 할지 생각하는데
급급한 나머지 상대방이 말하는 내용을 귀담아 듣지 못
하는 경우도 있다. 상사가 하는 말을 귀담아 듣는 것은
단순한 귀기울임 외에도 그가 암시하는 말뜻을 알아듣고
이해한다는 것까지 포함한다. 나아가 상사가 말하는 내
용의 요체를 파악하고 재치있게 반응할 수 있어야 한다.
그렇게 할 수만 있다면 좋지만 만약에 불가능하다면 어
떻게 해야 할까?

✱ 파워포인트
어떤 사람을 좋아하거나 싫어할 때는 특히 주의하라.
장미빛 안경 또는 검은 안경을 통해서 그 사람을 보아 넘길 위험이 있기 때문이다.

　상사가 말하는 내용은 정신을 집중하여 상사의 눈을 똑바로 바라보면서 듣되 노려보지는 말아라. 중요한 대목은 메모를 하고 윗사람이 말을 끝내면 잠시 기다리면서 그의 말을 마음속에 새기고 있음을 보여주어라. 요점을 분명히 하고 들은 말의 내용을 간략히 정리하기 위해 한두 가지 필요한 질문을 하는 것도 좋다. 그러나 윗사람들은 한번 말한 것을 되풀이하여 말하게 만드는 사람을 좋아하지 않는다는 것을 명심해라.

　(2) 간결하게 말한다

　시간은 관리자의 귀중한 자산이다. 그러므로 간결하고 정확하게 요점을 말하는 것이 필요하다.

　간결하게 말한다는 것은 많은 정보를 속사포같이 퍼붓는다는 것이 아니다. 그것은 중요한 내용을 선택하여 간단, 명료하고 분명하게 말하는 것이다.

　메모가 필요한 경우엔 한 페이지가 넘지 않도록 한다. 만약 상세한 보고서를 제출해야 할 경우에는 개요를 작성하여 앞에 붙이는 것도 효과적이다. 산문은 문장 능력

> ✱ 파워포인트
> 처음 대하는 사람에게는 객관적 입장으로 접촉하고 선입관을 갖지 말라.

보다 오히려 사고 능력을 중요시한다. 보고서를 쓰기 전에 반드시 문제를 전반적으로 심사숙고하도록 하라.

(3) 예의를 갖춘다

어떤 주장을 내세울 경우에는 그 주장을 뒷받침하는 자료를 정리하여 함께 제시한다. 아이디어에 신뢰성을 부여할 수 있기 때문이다. 가능한 상급자가 당신의 아이디어를 선택하게끔 노력하라.

가장 좋은 방법은 윗사람이 선택할 수 있는 여러 가지 안을 제시하는 것이다. 특정한 정책이나 행동방향 대신, 모든 가능성을 타진하고 그 장단점을 밝힘으로써 상급자가 그 중 하나를 선택하도록 하는 것이 좋다.

윗사람의 제안을 신중히 검토하지 않고 거부하는 것은 좋지 않다. 그는 앞으로 당신에게 어떠한 반응이나 관심도 가지지 않으려 할지도 모른다. 만약 끝내 윗사람의 의견에 동의할 수 없을 때는 이렇게 반대 의사를 전하라. "이런 변화가 큰 반발을 가져오지 않을까요?" 혹은 "직원들이 이 문제에 대해서 반대할 텐데요." 하며 다른

✱ 파워포인트
감각을 기르기 위해 다른 사람과 이야기할 때는 상대의
얼굴의 표정, 몸짓, 목소리, 말투에 주의를 기울여라.

사람들이 제시하게 될 반대를 내세워 자신의 반대 의사를 간접적으로 표현할 수도 있다. 만약 당신의 반대가 윗사람이 입수할 수 없는 관련 자료를 토대로 한 것임을 보여줄 수 있으면 당신의 의사는 더더욱 설득력을 가질 수 있다.

상사에게 나쁜 소식을 전하는 것을 겁내지 말아라. 만약 당신이 좋지 않은 소식을 전할 때는 정중함을 갖추어야 한다. 윗사람에게 너무 아첨을 떨어서 윗사람이 잘못된 행동을 취하게 만드는 하급자보다 잘못도 서슴없이 지적해주는 하급자가 장기적으로 볼 때 신용이 가는 법이다.

(4) 자신의 문제는 스스로 해결한다

자신의 문제를 해결할 수 없는 하급자만큼 상급자의 시간과 영향력을 빼앗는 경우는 없다. 자신에게 닥친 어려움을 무리없이 처리할 수 있다면 업무를 효과적으로 처리하는데 필요한 기술과 교제술을 익힐 수 있을 뿐만 아니라 윗사람의 눈에 비친 당신의 가치 또한 높아질 것

> ✱ 파워포인트
> 처음 접촉하는 사람에 대한 판단을 서두르지 말라.
> 상대를 관찰하여 더욱 잘 알기 위해서는 충분하게 시간을 가져라.

이다.

(5) 윗사람이 훌륭하게 보이도록 만든다

윗사람 관리의 요체라고 보아도 된다. 윗사람에게 장점이 있다면 다른 사람에게 지적해주고 윗사람에게 필요한 정보라고 생각되면 계속 제공하라. 그리고 상급자가 참석한 회의에서 그에게 보고하지 않은 정보는 내놓지 않는다. 미리 상급자에게 그 정보를 알려주어 그가 직접 밝히게 하는 것이 효과적이다.

당신의 윗사람이 돋보이면 당신이 승진할 가능성도 커지는 것이다.

(6) 긍정적인 점을 강조하라

성공한 중역들은 일반적으로 낙관주의자들인데, 그들은 부하도 자신과 마찬가지로 낙관적이기를 기대한다. 긍정적인 접근이란 기술이 아닌 상대를 대하는 태도이다. 뛰어난 부하는 '문제', '위기', '후퇴' 따위의 말을 거의 쓰지 않는다. 그는 어려운 상황을 '도전'이라고 표현하고 거기에 대응할 계획을 짠다.

✱ 파워포인트
이타성과 지나치게 조심성이 많은 것을 혼동해서는 안된다.
당연한 요구는 정확히 주장하지 않으면 안된다.

 윗사람에게 자기 동료에 관해 평할 때는 그들의 단점보다 장점을 말하는 것이 좋다. 그렇게 하면 당신이 팀 플레이어라는 인상을 받게 될 것이고, 사람을 다룰 줄 아는 인물이라는 평판을 얻게 될 것이다.

(7) 일찍 출근은 하지만 늦게까지 직장에 남지 않는다

 열심히 일하는 것은 열의와 헌신을 보여주고, 다른 사람을 자극할 수 있으며, 윗사람을 즐겁게 해준다. 일과 후가 아니라 일과 전에 좀더 열심히 일하라.

 또한 일찍 출근하는 것은 "나는 일을 시작하기를 열망한다."를 뜻하나 늦게까지 남아 있는 것은 "나는 할 일을 다하지 못했다."는 생각을 하게 만든다.

(8) 약속을 지킨다

 상사는 부하의 장점이 단점을 능가한다면 부하의 단점 정도는 눈감아준다. 그러나 눈감아줄 수 없는 일이 있다. 그것은 불확실성이다. 만약 어떤 일을 처리할 수 있다고 큰소리친 뒤 제대로 끝마치지 못하면 당신의 윗사람은 당신을 믿지 못할지도 모른다.

✻ 파워포인트
자기의 권리 뿐만 아니라 남의 권리도 옹호하자.
부정을 알면서도 그것에 대해 아무것도 안하는 사람은 그 부정의 공범자다.

일단 자기가 처리할 수 없음을 알게 되면 가능한 윗사람에 알려서 대책을 세우게 해야 한다. 윗사람은 사건이 벌어진 후에 모든 상황을 알게 되는 것보다 훨씬 덜 곤혹을 느낄 것이다.

(9) 상사를 파악한다

윗사람의 경력, 입사한 후의 이력, 일하는 습관, 직업상의 목표, 좋아하는 것과 싫어하는 것을 알아둔다.

만약 당신의 윗사람이 스포츠 광이라면, 그가 좋아하는 스포츠 팀이 경기에서 진 다음날 아침에 주요한 문제를 들고 가 해결해 달라고 그에게 요청하는 것은 아마도 현명하지 못한 일일 것이다.

상사는 자기 기분과 소망을 미리 알고 조절할 정도로 그를 잘 아는 부하에게 후한 점수를 매기기 마련이다.

성급하게 결론을 내리지 않는다. 만약 상사가 대학을 나오지 못한 사람이라면 아랫사람의 경영학 석사 학위를 시기할지도 모른다. 그러나 내심으로는 경영학 석사 학위를 받은 사람을 거느리고 있다는 사실을 자랑으로 여

✱ 파워포인트

이타적인 사람은 매우 약하게 순종하는 사람이 아니고 반대로 더욱 좋은 생활조건을 찾아 자기 자신과 남을 위해 싸우는 사람이다.

기고 있음을 또한 기억해두자.

(10) 상사에게 너무 접근하지 않는다

상사를 아는 것을 서로의 개인 생활에까지 간섭이 가능한 일쯤으로 착각해서는 안된다. 더불어 사이가 밀접하게 연관될 정도로 접근해서는 안된다. 당신과 당신의 상사가 서로 친밀하다고 해서 동등한 위치가 가능하다고 생각하지 말자. 아주 친밀해지면 동등해지기 쉬운데, 그것은 아주 위험스럽다. 서로 속깊은 이야기를 주고받고 나서 뒤에 후회할 일이 생길 수 있고, 당신에게 지나친 요구를 할지도 모르며 또한 당신의 자유가 자발적인 의사를 필요로 하는 일에 제약을 받을 수도 있다. 상사와 너무 친근하면 동료들이 당신을 불신하고 당신의 위치를 은밀히 시기할지도 모른다. 조직에서의 자기 지위의 토대를 오직 상사와의 관계만이 회사 생활의 모든 것인양 생각하는 사람은 그 조직에서 뿌리를 깊게 내리지 못하는 것과 마찬가지이므로 쉽사리 밀려날 수도 있다.

상사와 좋은 관계를 유지하는 것이 창의성과 생산성을

저해할 정도로 아주 압도적인 비중을 차지해서는 안된다. 상사와의 관계뿐만 아니라 동료와의 관계도 회사 생활을 지속하는데 아주 중요한 요소이기 때문이다. 따라서 상사와 당신의 관계를 유지하는 최상의 일은 자기가 맡은 일을 잘 처리하는데 있다.

(11) 상사가 추구하는 목표가 무엇인지 알아낸다

당신의 임무는 상사가 목표를 달성하도록 돕는데 있다. 그러면 상사가 추구하는 목표는 무엇인가? 당신과 상사의 의견은 다를 수 있고 당신이 미처 파악하지 못하는 경우도 있을 수 있다. 주의를 기울여 상사의 목표를 알아내고 목표를 달성할 수 있도록 도움으로써 상사의 신임을 얻어라.

(12) 상사가 성공하도록 도와준다

누구나 직장에서는 자신의 야심과 목표를 추구하기 위한 일에 열중하게 된다. 자기를 채용한 목적이 무엇인가를 상기해보자. 당신의 상사가 당신을 채용한 이유는 당신을 채용하면 자기가 성공하는 데 도움이 될 수 있다고

✲ 파워포인트
직업 세계에서 출세하려고 생각한다면 어느 정도의 이기주의가 필요하다.

생각했기 때문이다. 직장에서 성공하는 방법 중의 하나는 상사에게 닥친 어려운 문제들을 함께 해결하고 도와주는 것이다.

(13) 상사에게 칭찬을 아끼지 않는다

많은 간부들은 자기들이 대부분 남을 칭찬해주는 일이 후함에도 불구하고 자기들은 칭찬받는 일이 극히 드물다고 불만을 토로한다. 이런 간부들의 불만을 해소시킬 수만 있다면 직장 생활은 의외로 즐거워질 수 있다. 상사가 당신의 휴가 계획을 생각해서 업무량을 조절해주는 배려를 했을 때는 감사의 표시를 전하라. 상사가 큰 판매계약을 맺는데 성공했다면 이렇게 치하하라. "대단하신데요. 어떻게 그런 중요한 계약을 따내셨는지 그 비결을 가르쳐주실 수 없겠습니까?"

그러나 막연한 칭찬은 금물이다. 칭찬은 구체적이고 들을 때 수긍이 가는 것이어야 한다.

네번째 찬스. 관계 04
까다로운 상사는 이렇게 대하라

 정도의 차이는 있지만
사실 모든 상사들에게 문제가 있다고 해도 과언은 아니다.

문제 있는 대부분의 상사는 젊었을 때 자기에게 맡겨진 일을 잘했기 때문에 경영자로 승진한 것이지 동료들과의 유대 관계나 다른 사람들에게 유리한 기회를 제공한 경험이 있기 때문에 경영자가 된 것은 아니다.

당신은 지금 고약한 상사 때문에 고생하고 있을지도 모른다. 그러나 당신이 세운 계획으로 인해 까다로운 상사와도 원만한 관계를 유지할 수 있다. 상사를 이해하면 당신의 직장 생활은 적응하기 쉬워질 것이다.

동료들과 위원회를 구성해서 상사에게 집단적으로 접근해보는 것도 방법이다. 까다로운 상사는 자기의 문제를 잘 모르고 있는 경우가 많기 때문에 대개 기꺼이 잘못을 바로 잡으려 한다.

당신의 상사가 다음에 소개하는 어느 부류에 속한다면 상사에게 불평을 하기 전에 당신을 성찰해보라.

✼ 파워포인트
헤아리는 기분을 갖고 자기가 하고 싶은 일을 상대에게도
베풀 수 있다면 이기주의는 약화된다.

까다로운 상사와 대응하기 전에 우선 자신을 살펴보고 분석해볼 필요가 있다. 당신의 상사가 아무리 까다로운 사람이더라도 갈등의 원인이 혹시 당신에게 있을 수도 있기 때문이다. 당신과 상사를 모두 아는 사람에게 사정을 이야기해서 솔직한 조언을 들어보라. 만약 당신이 문제점을 가지고 있고 스스로 고칠 의향만 있다면 당신이 상사를 변화시킬 가능성은 더 커진 셈이다.

상사를 변화시킨다는 것은 대단히 힘든 일이다. 그렇다고 해서 실망할 필요는 없다. 가장 어려운 상사가 때로는 배울 점이 가장 많을 수도 있기 때문이다. 예컨대, 폭군 상사는 어렵고 힘든 목표를 달성하는 경우에는 뛰어난 능력을 보이는 경우가 많다. 그리고 완벽주의자는 당신이 기대 이상으로 성과를 올릴 수 있도록 자극을 주기도 한다.

까다로운 상사와 대응하기 위해서는 우선 순위를 정하자. 그리고 두려움을 극복하고 계속적인 공격에도 침착성을 잃지 말고, 좀더 나은 작업조건을 위해 교섭을 벌

인다. 상사와의 갈등을 완화하기 위해 갈고 닦은 기술은 후에 당신이 직장 생활을 하는 동안 큰 도움이 될 것이다. 까다로운 상사 밑에서 살아남는 능력을 가진 사람은 윗사람들로부터 상황 관리를 잘 하는 사람으로 인정받게 된다.

고약한 상사에게는 당신이 그 자리에 올라갔을 때 주의해야 할 행동이 무엇인지 배울 수 있다. 더불어 훌륭한 상사가 될 수 있는 사전 준비도 갖출 수 있다.

네번째 찬스 관계 04
다혈질의 상사를 내편으로 만드는 법

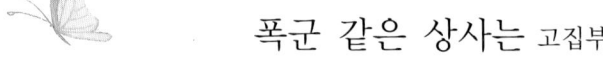 **폭군 같은 상사는** 고집부리고 불같이 화를 내고 심하게 굴며 무조건 지배하려는 경우가 있다. 일단 지배·복종의 관계가 수립되면 헤어나기 어려우므로 그전에 대책을 세우는 것이 좋다. 그런 상사와는 직접적으로 맞서보자.

상사가 소리를 지르는 동안 '무시해 버려. 그건 너와는 상관없는 일이야.' 라는 말을 속으로 반복하면서 마음의 평정을 유지한다. 상사의 용모 중 우스꽝스런 부분에 초점을 맞춘다. 만약 상사가 배가 나왔다면 그가 불평을 하는 동안 말할 때마다 흔들리는 배를 쳐다보라. 아무리 위협적인 사람도 약점이 있다는 것을 알게 되면 당신은 좀더 쉽게 긴장을 풀 수 있다. 상사가 숨돌릴 때를 기다렸다가 "이야기를 듣고 싶은데, 말씀이 너무 빨라 알아들을 수가 없는데요."라고 말하며 반격한다. 마지막으로 학대하는 상사에게는 그 상사가 아무리 매력적이라도 절대로 긴장을 풀지 말아라.

네번째 찬스, 관계 04
일벌레 상사를 내편으로 만드는 법

열심히 일을 하여 중견 간부로 오른 사람들 중에는 일에만 매달린 채 생활한 시간이 많아 휴식이 필요하다는 사실을 잊어버린 경우가 많다. 이들은 일과 휴식을 구분할 줄 모르는 상사들이다. 그런 상사는 자기 뿐만 아니라 부하들마저도 잠자는 시간을 빼놓고는 계속 업무에 붙잡아놓으려 하기 때문에 사생활은 거의 불가능해질 수밖에 없다.

그런 상사에게는 일정한 선을 그어 놓는다. 위급할 때의 연락처를 알려준 다음 정상적으로 퇴근하라.

만약 상사가 화를 낸다며 다음날 아침에 모든 업무를 정상적으로 마치겠노라며 안심시켜라. 일의 우선 순위는 상사가 정하게 하라. 그래야 어떤 일을 나중으로 미룰 것인지 결정할 수 있으니까. 만약 상사와의 관계가 원만하다면 문제를 공개적으로 논의해보는 것도 고려해볼 만한 방법이다. 일을 늦지 않게 끝마치는 것도 중요하지만 당신의 사생활도 똑같이 중요하다는 것을 인식시킨다면 상사도 당신의 자유와 생활을 인정해줄 것이다.

네번째 찬스, 관계 04
우유부단한 상사를 내편으로 만드는 법

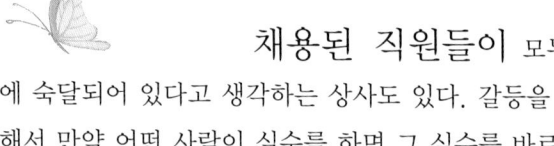

채용된 직원들이 모두 일에 숙달되어 있다고 생각하는 상사도 있다. 갈등을 싫어해서 만약 어떤 사람이 실수를 하면 그 실수를 바로잡으려고 노력하기보다는 적당히 넘기려는 사람이다. 사무실의 기본적인 위계질서마저 위태로울 정도다.

갈등을 두려워하기 때문에 명령을 내리지 못한다. 그렇다면 부하는 자기 일은 스스로 찾아 할 수밖에 없다. 상사에게 이렇게 말해보라.

"이 일은 제가 해야 될 것 같은데, 어떻게 생각하십니까?"

이렇게 하면 상사의 책임 영역을 침범하지 않으면서 당신이 주도적으로 업무를 처리할 수 있다.

우유부단한 상사에게 확신을 심어주는 것도 전략이다. 예컨대, 어떤 제안을 하면서 구체적인 사실이나 숫자를 제시함으로 상사도 그 제안에 대해 확신을 가지도록 서서히 유도하는 것이다.

네번째 찬스 관계 04
완벽주의형의 상사를 내편으로 만드는 법

 　　　　지나치게 완벽을 추구
하는 사람들은 일의 진행 속도가 빠를 수가 없다. 일을 완벽하게 처리하려 하기 때문에 모든 일에 하나하나 제동을 걸어 결국 양만 늘어난다. 더 어려운 상대는 계획보다 뒤처져서 시시한 일이나 문제삼는 사람으로 부하들을 더 비참하게 만드는 사람이다.

완벽주의 상사를 모시고 있는 당신이 입지를 확보하기 위해선 그가 사물을 대국적으로 볼 수 있도록 유도하는 것이 유리하다. 만약 그가 당신이 막 끝낸 일을 다시 하라고 명령하면 지금 다른 일을 하고 있으니 어떤 일을 먼저 하는 게 좋겠느냐고 물어라.

대부분 그는 다른 일이 지연될지도 모른다는 것을 깨닫고 당신이 끝낸 일을 다시 하도록 명령하지 않을 것이다.

만약 상사가 어떤 일에 특별히 신경을 쓰면 일정한 간격으로 브리핑을 해주는 것이 좋다. 그에게 일의 진행 상황을 계속 알려준다면 그의 끊임없는 감시에서 벗어날

수 있기 때문이다.

 마지막으로 당신의 감정이 상처받지 않도록 조심해야 한다. 완벽주의자에게 격려를 기대해서는 안된다. 어려운 일에 부딪히면 다른 사람에게 물어서라도 스스로 해결 방법을 찾아야 한다.

네번째 찬스. 관계 04
냉담한 상사를 내편으로 만드는 법

 상사가 분명한 태도를 취하지 않으면 부하직원들은 어떻게 해야할지를 모른다. 그런 상사는 부하들을 중요한 회의에 참석시키지 않고 일에 대하여 의논도 하지 않는다. 훌륭한 상사들에게는 하나같이 부하에게 무엇을 바라는지를 분명하게 알려주는 능력이 있는 법이다. 직원들로 하여금 상사가 마음속으로 무슨 생각을 하고 있는지 궁금하게 만들어서는 안된다.

상사가 지시를 하지 않는다고 해서 아무 일도 하지 않는 것은 가장 무책임한 행동이다. 최선의 방법을 생각한 다음 상사에게 '별다른 지시가 없으시면 저는 이렇게 할까 합니다'라고 말하라.

다른 전략도 있다. 상사가 당신을 회의나 의사결정에 참여시키지 않으면 당신이 값진 정보를 가지고 있다고 상사에게 말하는 것이다. 만약 그 방법도 통하지 않으면 당신의 일을 존중해주고 당신의 의견을 듣도록 상사를 설득할 수 있는 중재자를 찾는다.

 의사소통 능력이 없는 상사는 일하는 스타일을 보면 금방 알아낼 수 있다. 어떤 사람들은 논리적으로 기록된 구체적인 자료를 좋아하는 반면 어떤 사람들은 회의를 선호한다.

 상사가 어떤 방식을 좋아하는지 알아내서 그가 좋아하는 방식대로 당신을 맞춰라.

네번째 찬스, 관계 04
적당한 타협이 성공을 이끈다

경영 간부의 입장에서는
어느 제안도 즉시 실행에 옮기고 싶겠지만 역시 한도가 있는 법이다.

이럴 때는 타협을 부정하지 말자. 당신 기획이 훌륭하면 테스트에도 견딜 수 있고 더욱 그 탁월함이 증명될 것이다. 혹시 결함이 있다치더라도 그런 것은 작은 테스트를 통해 충분히 발견될 수 있다.

당신이 제안한 기획에 의해서 다른 사람의 생각이나 아이디어가 자극을 받는 가능성도 있다. 때문에 당신의 기획이 수정될 경우도 있을 것이다. 만약 적절한 타당성이 있는 안이라면 사실을 받아들여라. 비즈니스가 성장하는 과정을 추적해보면 변화와 수정과 타협의 반복임을 알 수 있다.

만약 이 시점에서의 타협이 당신이 제출한 기획의 알맹이를 없애고 당신의 모든 노력을 수포로 만든다면 당신의 생각을 끝까지 밀어붙이도록 노력하자.

네번째 찬스, 관계 04
상대의 호의에 충분히 감사의 뜻을 전한다

만약 당신의 제안이 대성공을 거두었다 하더라도 그 영광을 혼자 독점해서는 안된다. 다른 사람의 도움이 없었더라면 성공하지 못했음을 공언하라. 당신의 성공으로 말미암아 조금이라도 혜택을 받게 되면 후에 위급한 일이 있을 때 힘껏 도와주려는 마음을 갖게 될 것이다. 물론 당신도 다른 사람이 아이디어를 구하고 협력을 요청해오면 보답할 의무가 있다.

회사이든 관청이든 또는 지역사회에서 생각을 관철시키려 한다면 조직의 주류에 속해 있어야 한다.

도움을 보내온 사람이 있으면 감사의 뜻을 써보내도록 하자. 당신에게서 사의를 받은 사람이라면 절대 잊지 않을 것이다. 당신을 돕기 위해 사람을 보내오면 역시 서신으로 크게 도움이 되었으며 우리와 함께 일하도록 배려해주어 감사한다는 뜻을 써보내는 것이 좋다.

네번째 찬스, 관계 04
안 되는 일은 안된다고 정확히 말한다

때때로 우리는 너무 많은 부탁에 치일 정도다. 우리는 그런 부탁을 들어주고 싶어도 그 부탁이 시간을 너무 많이 빼앗고 안정된 생활에 큰 부담을 준다면 거절할 수밖에 없다.

거절은 모든 사람의 특권이다. 거절을 몰인정하거나 불친절한 행동으로 생각할 필요는 없다. 거절하는 좋은 방법은 그저 "안됩니다." 하고 단호하게 말하는 것이다.

분명한 거절은 오해의 여지를 없애 준다. 딱 잘라 거절함으로써 사람들이 당신의 뜻을 오해하고 시간을 낭비하는 무모한 일을 방지할 수 있다. 당신은 언제나 거절할 권리가 있음을 명심하라. 거절의 뜻을 어떤 식으로 표현하든 간에 당신은 당신의 시간과 이익, 그리고 재산을 보호할 권리를 갖고 있다. 거절의 이유를 변명할 필요는 없다. 거절을 무례한 행동이라고 생각할 필요도 없다. 적당한 거절은 다른 사람들과 당신을 위하는 길이 될 것이다. 또는 "미안하지만 나는 이런 일은 하지 않습니다."의 말은 단호하면서도 상대방의 감정을 상하게 하지 않는 거절 방식이 된다.

네번째 찬스, 관계 04
거절로 느끼지 않게 표현하는 법

거절하고 싶은데 이러저러한 이유로 그 뜻을 밝히기가 여의치 않을 때 다음과 같은 말 중 하나를 이용해보라.

당신의 거절을 긍정적인 말로 표현하면 상대방의 감정을 다치지 않게 할 수 있으며 '지금 당장'이나 '당분간'과 같은 말은 약간의 여운을 남긴다.

"그런 요청을 받아서 아주 기뻐요. 평소에 귀 단체가 아주 훌륭한 일을 하고 있다는 것을 누누이 들어 알고 있습니다. 하지만 공교롭게도 제 스케줄이 워낙 빡빡해서 제의를 수락할 수 없어요. 무척 안타깝습니다. 다음 기회는 저에게 주실 수 없겠습니까."

"내가 식사를 함께 하고 싶어서 며칠씩 벌려왔는데 이제와서는 오히려 시간이 허락치 않는군요."

"사장님은 과분하게도 제가 이 일을 처리할 수 있을 것으로 생각하시고 이런 중요한 일을 맡기셨다는 것을 잘 압니다. 그런데 마침 주문량이 한꺼번에 몰려들어와 부탁을 들어드릴 수가 없게 되었군요."

✱ 파워포인트
불안을 극복하기 위해서는 자신감과 낙천성이 필요하다.

"아주 훌륭한 이야기인데요. 그러나 우리에게는 아직까지는 그럴 여력이 없습니다. 시간이 맞지 않습니다. 그 제의를 당장 이용할 입장에 있지 않습니다."

"좋은 생각입니다. 그러나 우리는 당분간 그것을 계획에 집어 넣지 않았기 때문에 조금 어렵겠는데요."

거절하기 가장 어려운 경우는 부탁을 넌지시 암시하면서 한숨만쉬는 사람이다.

예를 들면 다른 지방에 사는 친구나 친척이 전화를 걸어 이렇게 말하는 경우다. 아들 녀석이 네가 사는 도시의 학교에 다니게 되었다. 하숙비가 그처럼 비싸지만 않다면…….

이런 경우 대응방법은 동정적이지만 단호하게 "그래? 그거 안됐군" 하고 말한 다음 입을 다무는 것이다. 당신이 구조자가 되어야 할 필요는 없다. 당신이 감당할 수 없는 고민을 상담받았을 때도 마찬가지다.

"그거 안됐구나. 네가 해결책을 찾을 수 있기를 바란다."

또 다른 방법은 감추어진 질문을 노출시키는 것이다.

✻ 파워포인트
피곤해 보인다거나 기운이 없어 보인다거나 하는 말은 하지 말아라.

"만약 우리집에서 하숙을 할 수 있느냐고 묻는 것이라면 사정이 있어서 안되겠다."

당신이 수락을 할 수 있도록 상대방이 정서적 협박을 가할 때는 그 사람이 유도하는 반응의 절반에만 반응을 보여라.

"네가 내 생각을 조금이라도 한다면 일요일을 나 혼자 보내게 하지는 않을 테지" 하고 탄식하는 어머니에게는 전반부에 대해서만 대답하라.

"내가 어머니 생각을 하지 않는다고요?"

"한번 생각해 보겠습니다."

이런 식으로 상대가 납득할 만한 변명의 말을 생각하기 위한 시간을 버는 것도 나쁘지 않다.

"저에게도 생각할 시간이 좀 필요합니다."

역시 거부감을 주지 않는 거절의 말을 생각해내기 위한 시간을 벌 수 있다.

거절 전에 잠깐 동안의 여유를 만들어 분위기를 부드럽게 만들 수 있다. 이렇게 말해보라.

"저는 지금 당장이라도 수락하고 싶지만 제 마음대로

✱ 파워포인트
화가 났을 때는 절대로 행동을 취하지 말아라.

정할 수 있는 일이 아닙니다. 어떤 방법이 있는지 찾아볼 시간을 좀 주시겠어요."

"15분 뒤에는 다시 얘기해봅시다."

여분의 시간을 얻었다면 득실을 따져 보고 역시 거절해야겠다는 생각이 들면 간단하게 안된다고 말하고 그 이유를 설명하라. 부탁한 사람은 당신이 그의 요청을 진지하게 검토했다는 사실만으로도 고맙게 생각할 것이다.

유머는 부탁을 거절하는 유쾌한 방법이다. 우리는 모두 뜻밖의 재치있는 말을 들으면 재미있어 한다.

"내가 못된 인간이라 네 부탁을 거절한다고 넌 생각할 거야. 사실 난 못된 인간이야."

상큼한 거절의 말이다. 당신의 변명에 논쟁의 여지가 있는 것이 아닌 한, 아예 변명하지 않는 편이 더 나은 경우가 허다하다. 간단히 이렇게 말하라.

"지금 당장은 그럴 형편이 못됩니다."

대부분의 사람들은 설명을 강요하지 않을 테지만, 만약 더 따지고 들면 "그렇게 할 수밖에 없다."고 말하라.

네번째 찬스, 관계 04
리더에게 요구되는 여섯 가지 기술

 사람을 움직이는 능력
은 그 사람이 지니고 있는 리더십을 평가하는 잣대가 된다. 진실한 리더에게는 그 사람을 따르게 하는 미묘한 기술이 있다. 리더십을 높이려면 몇 가지 기술을 체득할 필요가 있다. 리더에게 요구되는 몇 가지 기술을 살펴보자. 물론 이것을 완전히 구비한 사람은 세상이 아무리 넓다 하더라도 거의 없을 것이다.

(1) 발상력이 있는 사람

관리자의 주요 직무는 정리하여 마무리하는데 있다. 리더는 항상 모든 활동의 책임자이다. 리더는 무엇을 해야 하는가, 지금 당장 해야 할 일은 무엇인가를 터득하고 있는 사람이다. 리더는 자기 시간을 관리하는 것은 물론 부하의 시간까지도 효율적으로 다뤄질 수 있도록 조절하는 사람이다. 매일매일 장래일을 생각하며 계획을 세울 시간을 갖는 사람이다.

✻ 파워포인트

아주 작은 진전에도 칭찬을 아끼지 말라. 또한 진전이 있을 때마다 칭찬하라.
동의는 진심으로 칭찬은 아낌없이 하라.

(2) 신중히 의사결정을 하는 사람

의사결정을 하기 전에 데이터를 음미하고 관계자 전원의 의견을 듣고 검토를 하는 것은 상식이다.

(3) 자기 부하를 알고 이해하고 있는 사람

각자에게 동기를 유발시키는 것은 무엇인가, 그들은 왜 그런 행동을 취하는가, 리더는 부하의 문제 정도는 이해해둘 필요가 있다. 그리고 그들에게 진심으로 관심을 가지고 있으며 또 그런 인상을 심어주어야 한다.

(4) 커뮤니케이션을 잘 하는 사람

리더는 부하에게 원하는 것을 이해시키고 설득하는 능력이 있어야 한다. 오해가 생겨서는 안된다.

(5) 표준 업적을 유지할 수 있는 사람

자기와 함께 또는 자기를 도와 일해주는 사람이 있다면 리더에게는 큰 재산이 된다. 대부분의 부하들은 리더가 자신들에게 무엇을 요구하는지를 숙지하고 있으며 또 자신들의 생산력에 자신감을 갖고 있다고 보아도 좋다. 지금까지 노력해온 것은 바로 자신들이라는 사실을 알기

✽ 파워포인트
오래된 우정에 다시 불을 붙여 보아라.

때문이다.

리더는 칭찬할 때는 칭찬하고 꾸짖을 때는 꾸짖으며 도움이나 조언이 필요할 때는 충분히 베풀도록 한다.

(6) 다른 사람과 함께 일할 능력이 있는 사람

협력을 얻기 위해서는 협력을 구하는 사람과 마찰을 일으키지 않고 일할 수 있어야 한다. 또 요청이 받아들여지기 위해서는 그들과 함께 말해야 하는 이유를 이해시키고 정중히 부탁할 필요가 있다. 또 동료에게도 조언을 구하면서 경의를 표한다면 협력을 약속받을 수 있다. 그 결과 모든 이들의 힘이 결집되면 당신의 목표는 쉽게 달성된다.

네번째 찬스. 관계 04
인간관계는 충분히 습득될 수 있다

　　　　　　　　　　인간관계의 기술은 야구나 골프의 기술과 마찬가지로 시간과 노력을 통해 습득될 수 있다. 개선해야 할 기술은 무엇이 있는가, 어떻게 하면 개선책을 강구할 수 있는가, 리더에게는 누구보다도 쉴새없는 연구가 필요하다.

사람을 마음대로 움직이는 키포인트는 인간관계를 얼마나 잘 유지하는가에 달려 있다. 대화를 통해 관계를 증진시키는 "아주 잘 했군" "자네 생각은?" "부탁하네" "고맙네" 등과 같은 말은 상대방과의 대화에서 관계를 호전시키는 말들이다. 이와는 정반대로 '나'라는 말을 자주 사용하면 불쾌감을 느끼기 쉽다.

다섯번째 찬스 05.
"화술"

마음의 문을
부드럽게 여는 기술로부터 기회는 찾아 온다

다섯번째 찬스, 화술 05
커뮤니케이션이란 무엇인가

　　　　　　　　인간이 창조한 문화 가운데 가장 특징적인 것을 찾으라면 단연코 언어라고 말할 수 있다. 우리는 언어로 의사를 소통하고 우리의 감정을 나타낸다. 이것이 커뮤니케이션, 즉 의사소통이다. 의사소통이 단절되면 커다란 오해와 문제를 야기시키므로 특히 경영자나 관리자에게 있어서는 수준 높은 의사소통 능력이 필수적이다.

효율적인 커뮤니케이션 능력은 승진의 조건이기도 하기 때문에 의사소통 능력의 부족으로 승진에 장애를 일으키는 사람도 많다. 상대방과의 대화에서 리드해갈 수 있는 능력은 누구에게나 사업을 성공으로 이끄는 중요한 수완으로 작용한다. 그러나 이것은 쉽고도 어려운 일이라서 누구나 원하기는 하지만 쉽게 얻기란 까다로운 능력이다.

다섯번째 찬스, 화술 05
왜 커뮤니케이션에 약한가

 도대체 대부분의 사람들
이 의사소통 능력이 미약한 원인이 무엇일까? 우선 우리는 의사소통 능력을 기르는 것이 중요하다는 사실을 인식하지 못하고 있다. 대부분의 사람들은 배우지 않아도 의사소통은 자연스럽게 할 수 있다고 생각하지만 오히려 이 점이 빠지기 쉬운 함정이다. 당신에게 필요한 능력은 그저 잡담하는 수준의 대화가 아니다. 성공을 위해서는 달라도 크게 다른 대화를 풀어나가는 능력이 필요하다.

또한 의사소통의 목적이 애매하면 대화의 수준이 떨어지는 이유가 되기도 한다. 또한 전달하는 내용이 구체적으로 조직되어 있지 못해서 흔히 중언부언하는 실수를 저지르기도 한다.

단어에 대한 이해가 부족하다면, 두 사람이 한 단어를 가지고도 이해하는 정도가 다르다면, 예컨대 지적 수준의 정도 차이가 커도 커뮤니케이션은 제대로 이루어질 수 없다.

그 외에도 자기가 원하는 것만 듣는 경향이 있거나 전

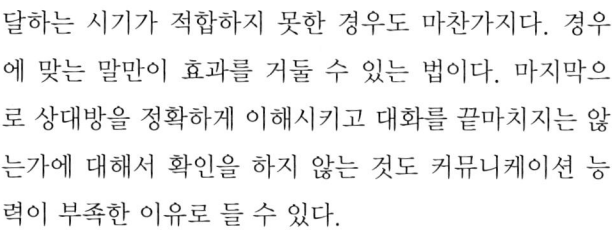

달하는 시기가 적합하지 못한 경우도 마찬가지다. 경우에 맞는 말만이 효과를 거둘 수 있는 법이다. 마지막으로 상대방을 정확하게 이해시키고 대화를 끝마치지는 않는가에 대해서 확인을 하지 않는 것도 커뮤니케이션 능력이 부족한 이유로 들 수 있다.

다섯번째 찬스, 화술 05
의사전달 습관을 체크한다

우선 자신의 의사전달 습관에서 다음의 4가지를 체크한다.

(1) 상대가 저지른 잘못을 합리화시키지 말라

"요즘 왜 계속 지각인가? 하긴 자네 같이 술에 빠져 사는 사람이 일찍 일어나서 출근하기는 좀 어려울 거야."

상대방의 잘못을 인정하는 듯한 이런 말은 그 사람이 지금까지 해온 일에 문제가 없다는 뜻으로 받아들여질 수도 있으므로 그 후에도 그는 나쁜 습관을 고치지 않는다. 게다가 그렇게 구실을 주고 나면, 맺고 끊는 것도 못하는 불확실한 사람으로 인식이 나거나 끝까지 밀고 나가지도 못하는 우유부단한 사람으로 보여질 우려가 있다.

(2) 자신의 요구가 합당했다면 뒤늦게 사과하지 말라

아버지가 아이에게 방을 청소하라고 시키고 나서 "아까는 그런 식으로 말해서 미안하구나. 말 안해도 필요하면 네가 다 알아서 청소를 했을 텐데 너무 심했다."

> ✱ 파워포인트
> 대성공을 거둘 때에는 승리효과에 빠지지 않도록 하라.
> 결국 승리 영예 위에 지나치게 오래 쉬어서는 안된다는 것이다.

이렇게 사후에 사과를 하는 것은 대개 죄책감과 두려움이 쌓인 탓이다. 단호한 발언을 이런 식으로 취소하면 존경심을 잃게 될 뿐만 아니라 우습게 보여 업무 지장까지 초래한다.

(3) '만약'이나 '하지만'이란 말은 금물이다

"그 보고서는 이번 토요일 아침까지는 내 책상 위에 두어야 하네. 하지만 다음주에 거래처에 갈지도 모르니 며칠 여유가 있을지도 모르겠군. 그리고 만약 일이 잘되면 그때 가서는 아예 필요없을지도 몰라."

'만약'이나 '하지만' 같은 종류의 말은 사용하지 않는다. 이때는 보고서를 완성시켜야 한다는 단호함을 분명하게 표시하면서 딱 부러지게 말한다. 의사가 잘못 전달되는 것을 피할 수도 있고 보고서를 제때에 받아볼 수 있어 업무 착오는 피할 수 있을 것이다.

(4) 자신의 위치는 스스로 만들어라

"사장님 말씀이 자네가 해야만……."이라든가 "네 엄마가 그러는데……." 하는 따위의 말을 사용하는 사람들

을 보면 대부분 줏대 없는 사람들이다.

  이러한 말을 함으로써 책임은 면할 수 있을지 모르지만 자신은 아무런 실권도 없는 심부름꾼의 위치로 전락된다. 그런 말로 의사를 전달하기보다는 "자네가…… 해주기 바라네." 혹은 "네가…… 해주면 좋겠다."는 식으로 말한다면 훨씬 강한 사람으로 인식될 것이다.

다섯번째 찬스, 화술 05
의사전달 습관을 고치는 방법

 자신의 의사전달 습관에
문제점을 발견했다면 적극적인 자세로 빠른 시간내에 고치도록 노력한다. 다음에 제시된 사항을 염두해 둔다면 나날이 발전됨을 느낄 것이다.

(1) 터놓고 솔직하게 말한다

아랫사람에게 자신이 무엇을 기대하고 있는가를 분명히 밝혀야 한다. 소극적인 간부 중에는 너무 강력하고 정확하게 말하면 상대가 기분 나쁘게 받아들일 것이 걱정되어 돌려서 말하는 경우가 있는데 이는 자신이 원하는 바를 직접 말하지 않아도 상대방이 능히 알 수 있겠거니 하고 지레 짐작하기 때문이다. 이런 태도는 불필요한 오해를 초래하여 시간 낭비만 일으킨다.

(2) 충분히 생각한다

문제가 생겼을 때는 문제에 대해 말하기 전에 그 문제가 생기게 된 원인, 이유, 해결방안을 충분히 생각하여 움직인다. 이렇게 사전에 충분히 준비하면 자신의 의사

✱ 파워포인트
성공의 기대가 지나치게 높아서는 안된다.
달성 가능한 더욱 현실적인 목표를 설정하라.

를 사리에 맞게 합리적으로 개진할 수 있는 능력이 향상될 것이다.

(3) 문제가 생기면 즉시 대처한다

곤란한 문제가 생겼다고 문제를 회피하면 문제는 시간이 지나면서 점점 심각해져 돌이키기 어려운 상황에 빠지기 쉽다.

사소한 문제라도 일찌감치 대응하면서 자신이 기대하는 바를 암시하도록 하자. 그러면 그 문제를 어떻게 생각하고 있는가를 상대방은 알아차리게 될 것이다.

(4) 자신의 문제는 신중히 선별하여 다룬다

완벽한 태도가 지나쳐 오히려 이것저것 사소한 것까지 문제삼는 경우가 많다. 문제를 선별해서 다루면, 통제력이 강화되고 긍정적인 결과를 낳을 가능성이 높아진다.

(5) 분노와 단호한 태도를 구별한다

화가 머리끝까지 치밀어오른 다음에 단호한 태도를 보인다는 것은 일종의 도피 행위다. 자신의 입장을 차분하게 주장할 수 없다면, 필시 자신도 모르는 사이에 지나

✱ 파워포인트
큰 노력을 지불하여 얻는 성공은 때때로 필요하다.
그러나 성적을 올리기 위한 스트레스가 지속되어서는 안된다.

치게 공격적인 반응이 드러나게 된다. 뿐만 아니라 자신이 화를 내면 상대방은 방어 자세를 취하게 되고 문제의 해결은 점점 어려워진다.

따라서 당신의 말에 상대방이 지나치게 감정적인 반응을 보이더라도 거기에 자극받아 흥분하지 않도록 자제해야 한다. 당신이 흥분하지 않으면, 상대방이 보이는 행동의 미숙함은 대조적으로 부각된다. 그리고 당신의 침착한 태도는 오히려 상대방을 위압하는 이중적 효과를 가져다준다.

⑹ 홈그라운드의 이점을 최대한 이용한다

운동 선수들이 홈그라운드에서 경기를 할 경우 다른 곳에서 하는 것보다 이길 확률이 더 높은 것으로 경기 결과 드러났다.

단호한 태도를 취해야 하는 경우에도 이와같은 상황을 연출하면 된다. 동료와의 사소한 다툼이나 문제를 사무실이나 그의 집에서 해결하기는 어렵다. 홈그라운드에서 기회가 닿는 대로 당신의 입장을 밝히고 상대방이 수

✽ 파워포인트
지나치게 강한 야심은 건강에도 영향을 미친다.
목표를 너무 높게 설정하여 현실적으로
불가능한 목표를 추구함으로써 위나 장에 궤양이 생길 가능성이 있다.

긍할 정도로 이해시킨다면 겉으로는 분명하게 잘잘못을 구분하지 않더라도 반드시 유리한 위치에서 대화를 리드해가게 된다.

(7) 직접적인 의사 전달 이외에 간접적인 방법도 사용해본다

말하는 동안 상대방의 눈을 응시한다. 자신의 주장을 되풀이만 하지 말고 적당히 침묵을 이용한다면 의사는 훨씬 효과적으로 전달될 수 있다. 강조하기 위해 이용한 적절한(그러나 공격적이 아닌) 제스처는 상대방에게 뚜렷한 인상을 남긴다.

(8) 쓸데없는 엄포를 놓지 말아야 한다

허세는 어린 아이의 장난과도 같다. 신뢰성을 얻기 위해서는 무리없는 기대 수준을 상대방에게 밝혀야 하고, 기대가 충족되지 않을 경우에 발생할 결과는 미리 말해 준다. 그런 다음 끝까지 밀고 간다. 한번 말하면 틀림없이 그대로 행동에 옮긴다는 것을 다른 사람들이 인식한다면 비로소 당신은 존경을 받게 된다.

다섯번째 찬스, 화술 05
중요한 것은 만족에 있다

자기의 견해에 상대방을 승복시키는 능력은 누구나 가지고 있는 것이 아니다. 만약 우리가 뛰어난 설득자들의 의사전달 기술을 배울 수만 있다면, 일상생활에서 어떤 사태에 처하더라도, 예컨대 임금 인상을 요구하거나, 이웃과의 견해차를 해소한다거나, 자식들이 현명한 선택을 하게끔 돕는 데 있어서 우리는 훨씬 성공적으로 설득할 수 있을 것이다.

그러나 뛰어난 설득가들조차도 어떻게 하여 설득력을 가지게 되었는지 설명하기란 쉽지 않다. 그러나 확실히 우리 모두가 빌어 쓸 수 있는 기술은 분명히 존재하며 그것에 의해서 설득력은 크게 향상된다. 물론 설득은 현란한 수식어나 화려한 문구에 의해 상대를 속이는 것이 아니라는 사실을 염두에 두어야 한다. 중요한 것은 우리의 생각을 납득시키기 위한 알맞은 환경을 조성한 연후에 그 생각을 효과적으로 전달하는 것이 문제로 남는다.

우리는 결코 원하는 모두를 얻지는 못한다. 그러나 직접 요구하지 않아도 우리가 원하는 바를 얻을 수 있도록

✱ 파워포인트
용기와 자신은 정신적 자립에 불가피한 것이다.

상대방을 설득시킬 수는 있다.

 어떤 사람들은 협상에 성공하는 길은 상대방을 위협하거나 속여 넘기는 것뿐이라고 주장하기도 하지만 사실은 그렇지 않다. 진정한 협상은 서로 다른 의견을 내세워 적대적인 관계를 만드는 것이 아니라 합의를 이룩하기 위해 함께 노력하는 것이다. 중요한 것은 '누가 이겼느냐'가 아니라 '모두 만족했느냐' 이다.

 설득에 들어가기 전에 잊지 말아야 할 것이 있다. 우선, 상대방의 견해에 동의하지 않더라도 불쾌감을 드러낼 필요는 없다. 상대방이 나에게 원하는 것이 있다면 역으로 그에게 되돌려준다. 마지막으로 당부할 일은 확신을 가져야 한다는 것이다.

다섯번째 찬스, 화술 05
설득을 능숙하게 하는 방법

 (1) 홈 어드밴티지를 이용한다

 대부분의 사람들은 남의 영역에서보다 자신이 활동하는 환경에서 설득력을 발휘한다. 빈틈없는 협상자가 상대방의 사무실보다는 자기의 사무실에서 중요한 회담을 갖고자 애쓰는 이유가 바로 여기에 있다.

 당신이 집이나 사무실에서 회담을 개최할 수 없을 경우엔 두 장소 사이의 중립지대에서 만나라. 그래야 상대방과 동등한 위치에서 회담을 가질 수 있기 때문이다.

 (2) 최상의 외관을 갖춘다

 예를 들어 우리가 사람들로부터 진정서의 서명을 받아내야 하는 경우가 있다고 치자. 우리는 옷매무새에 신경을 써야 할 것인가, 아니면 대부분의 사람들은 우리의 외관보다는 우리가 전달하는 내용에 의해서 판단을 내리게 되므로 진정서의 내용에 신경을 써야 할 것인가?

 우리는 대부분 상대방의 외모보다는 그들이 하는 말에 영향을 받아 좌우된다고 생각할 것이다. 그러나 실험의 결과는 그 반대다.

✱ 파워포인트
정신적으로 자립하면 당신 자신의 인생이 살아 있다는 것을 실감하게 된다.
그것이 더 큰 자신감을 안겨준다.

외관상 매력적인 자원자들은 덜 매력적인 동료들보다 훨씬 성공적으로 사람들에게 영향력을 미치는 것으로 조사됐다.

(3) 상대방의 입장에 선다

설득을 당하는 사람과 설득하는 당신이 크게 다르지 않다는 것을 보여준다. 일단 관계가 형성되면 그럴 필요가 있으며 또 효과도 있다. 남의 개인적인 취향을 바꾸어놓고자 할 경우, 설득자가 상대방과 같은 입장에 설수록 상대방은 그만큼 그의 설득력에 감응받게 된다. 어쩌면 이것은 우리가 느낌이나 생각을 같이 하는 사람의 말을 믿으려드는 인간의 성향에 기인하는 것인지 모른다.

일류 영업사원은 고객의 어조, 성량, 리듬 및 말투에 자신을 맞추며 또 그들의 몸짓, 자세, 기분까지도 닮으려 노력한다. 무의식중에 이들은 심지어 고객과 호흡을 같이 할지도 모른다.

(4) 상대방의 경험을 존중할 것

일반적으로 설득자들은 곧장 본론으로 뛰어든다. 그러

✻ 파워포인트

규칙이나 명목이나 재산을 마음에 두지 않고 생각하면
정신적으로 더욱 자립할 수 있다. 많은 것의 가치를 적대평가하고
있었던 것을 알아차린 것임에 틀림이 없다.

나 능숙한 설득자들은 먼저 신뢰감을 조성하여 상대방에게 깊은 공감을 보여준다. 그리고 상대방이 뭔가 걱정하고 있는 눈치라도 보이면 일단 불안감을 지울 수 있는 따뜻한 느낌의 말로 위로를 한다. 상대방의 심정을 중시하고 있음을 보여주어 일단 안심시키면서 그의 환심을 사게 된다.

훌륭한 설득자는 자기의 주장을 상대방이 반대할 경우 그 반대 의견을 물리치고 거부하기보다는 이를 반영시키려 한다. 다시 말하면 숙달된 설득자는 반대 의견을 생각해보고 타당한 의견과 인정해야 할 점이 있음을 발견하며, 그런 연후에 보다 더 수긍할 만한 것임을 증명해 보임으로써 자신의 의견을 내세운다.

일류 보험사원은 생명보험이 훌륭한 투자는 아니라는 고객의 의견에 동조하였다. 상대방의 의견에 맞장구를 치므로써 경계심을 풀어놓은 후에 보험사원은 보험이란 투자와는 그 성격이 다르며 그것은 재난을 대비하는 보호책이기 때문에 저축이나 투자를 통해 기대할 수 없는

✱ 파워포인트
가족으로부터의 기대나 생활비를 벌어야 할 필요 등 피할 수 없는
여러 가지 속박이 있으나 더 큰 정신의 자유를 구할 것을 생각하라.

점을 보완해주는 방책임을 역설했다.

주장을 할 경우 결론에 도달하기 전에 전후 사정을 충분히 살피고 습득한 후에는 상대방에게 자신도 그 점을 인정하고 있다는 표현을 하게 되면 그것은 일방적인 견해만을 내세우는 주장보다 더 설득력을 지니게 된다.

(5) 유력한 논거를 마련한다

당신의 의견에 덧붙여서 확실한 자료를 내놓는다면 설득력을 높일 수 있다. 그러나 자기의 입장을 확실히 세우지 못하고 있는 사람들은 제시된 자료에 못지않게, 그 자료가 어디에서 인용된 것인지 출처에 의해서도 영향을 받을 수 있다.

이러한 현상은 단순히 사람들이 어떤 출처는 믿고 어떤 출처는 불신한다는 이야기가 아니다. 그보다는 유력하고 신빙도가 높은 출처에서 인용될 경우, 사람들은 새로운 아이디어나 정보를 거부하는 자신의 선입관에 훨씬 덜 집착하게 된다. 다시 말하면 제시된 자료의 타당성을 얼마나 신빙도가 있는 것에서 인용되었는지에 따라 다르

✱ 파워포인트
당신이 만나는 모든 사람은 모르는 무엇인가를 알고 있다.
그러니 그들한테서 배우도록 하여라.

게 평가한다는 얘기다. 그러나 전문적인 내용을 인용하는 데 있어 너무 많은 정보의 인용은 청중에게 오히려 반발심을 불러일으킬지 모르기 때문에 도가 지나치지 않도록 조심한다.

(6) 경험과 실례를 내세운다

훌륭한 설득자들은 집약된 증거나 일반적인 원칙보다는 개별적인 실력이나 경험에 의해 쉽게 설득된다는 사실을 언제나 새겨두고 있다.

나도 그런 경험을 한 적이 있다든가, 똑같은 기분을 가져본 적이 있다는 한마디의 말이 상대를 따르게 한다.

성공적인 영업사원은 고객에게 다른 사람들도 이미 지금 그가 권유받고 있는 것을 선택했음을 보여주는 실례를 이용한다.

(7) 사전에 준비작업을 한다

어떤 협상이든 사전에 철저한 연구를 하는 것이 필요하다. 비록 지혜로 상대방을 꺾을 수 없다 하더라도 상대방보다 많은 준비를 할 수는 있다. 봉급인상을 요구하

✱ 파워포인트
설령 어떻게 하다 가끔씩 틀리는 일이 있더라도 자신을 가지고 밀고 나가라.

는 사람이라면 자기가 하는 일이나 해온 일에 관한 완벽한 기록과 유사한 직책에서 일하는 다른 사람들이 받고 있는 봉급에 대한 정확한 정보를 갖고 있어야 유효적절하게 사용할 수 있다.

만약 상사가 승진을 앞두고 자신을 대체할 사람을 필요로 한다면, 그 사실도 이미 알고 있어야 한다. 만약 이익이 감소되어 당신의 부서가 개편되어야 한다면 그 사실에 대해서 이미 알고 있어야 한다. 뉴스에도 귀기울여라. 최신 뉴스는 매체를 통해서나 사무실에서의 잡담을 통해서라도 언제 어디서나 입수할 수 있다. 되도록 많이 알고 있는 것이 당신을 돋보이게 만드는 최선이 될 것이다.

(8) 적극적으로 행동한다

협상에 임할 때는 강렬한 의지가 있어야 한다. 당신이 적극적인 태도를 갖는다면 상대방도 당신의 적극성에 비례하는 호의적인 태도를 보일 것이다. 직업에서 성공한 사람은 대개 자기 일에 적극적으로 임한 사람들이었다.

✱ 파워포인트
자신의 태도는 자신이 정하여라.
다른 사람이 당신을 위해서 당신 대신 정해주기를 바래서는 안된다.

협상의 결과는 당신이 상황 설명을 어떻게 하느냐에 크게 좌우된다. 요구를 하는 것보다 제안이나 권유를 하는 것은 어떨까. '제가 제안하고 싶은 것은 바로 이것입니다'보다는 '저는 이런 제안을 권하고 싶은데요'라는 말이 훨씬 여유있고 권위있게 들린다. 최후의 입장을 제시할 경우, 강압적인 표현보다는 훌륭한 선택이 되길 바란다는 말로 호감을 유발시킨다.

늘 예의바르게 이야기한다. 사람들은 예의를 무엇보다 중요하게 생각한다. 만약 당신이 소리를 잘 지르는 사람이라면 자제할 것을 권하고 싶다. 당신의 목소리가 덜 위협적일수록 상대방은 그만큼 긴장을 풀게 된다.

(9) 목표에 집착한다

협상은 감정적인 싸움으로 끝날 수도 있음을 명심하라. 당신이 어떤 것을 너무나 간절히 원한다면 너무 많은 것을 포기해야 할 경우도 있다.

결코 당신의 목표를 잊어서는 안된다. 토의를 하기 전에 무엇 때문에 자리를 마련했는지 목표를 재확인하라.

✱ 파워포인트
사소한 것을 분간해내는 방법을 배우도록 하여라.
그리고 나서는 무시해 버려라.

필요한 경우에는 목표를 기록해두는 것도 좋다. 목표는 경우에 따라서 변동될 수도 있으나 일정한 한도와 기준은 지켜야 한다.

필요에 따라 버릴 수 있는 추가사항들을 생각해둔다.

(10) 화를 내지 않는다

때때로 우리는 상대방에게 화를 내고 싶을 때가 있다. 그러나 화를 내서는 안된다. 자제력을 상실하면 이기지도 못할 뿐 아니라 그릇된 판단을 내릴 가능성도 커진다.

협상을 하다 보면 정면 대결이 벌어질 수도 있다. 때로는 좌절감이 느껴지고 울화가 치밀고 협상의 결렬이라는 실제적 위협이 대두되기도 한다. 그러나 합의에 이르기 위해서는 감정적인 대결을 피하고 보다 창조적인 사고와 융통성이 필요한 경우가 오히려 더 많다는 것을 알 수 있다.

'생각해봐야 하지 않을까요' '우리 시간을 가지고 더 깊이 생각해본 후에 만납시다'라며 뒤로 한발자국 물러서는 말이 필요한 경우도 있다.

(11) 유리한 입장에 있을 때 협상한다

당신이 회사의 판매 기록을 경신했거나 상을 받아 입지가 강화되었다면 기다리며 뜸을 들일 필요가 없다. 유리한 입장에 있을 때 기회를 틈타 바라는 것을 요구해야 한다.

(12) 약속을 지킨다

일단 계약이 이뤄지면 합의된 사항들을 존중한다. 자기가 한 말을 가볍게 생각하지 말고 한번 내뱉은 말은 꼭 지키는 것이 당신과 상대방에 대한 예의이다. 당신이 모든 거래에서 정확성과 깨끗한 인간성을 드러낸다면 사람들은 당신과 만나 사실을 확인하지 않더라도 인정하게 된다.

만약 당신이 마치 양말을 갈아신듯이 원칙을 바꾼다면 그 사실 또한 널리 알려져 신뢰가 없는 사람으로 낙인찍히고 만다. 사람들은 많은 돈이나 추가 이득을 얻을 수 없다는 느낌이 들 경우에는 결코 계약을 맺지 않는다. 이런 태도를 몰인정하고 염치없는 태도라고 몰아붙일 수만은 없다. 오히려 정상적인 태도이다. 그러나 마지막

한푼까지 취하려 해서는 안된다. 얼마간의 미끼를 테이블 위에 남겨두는 것이 협상의 전략이다. 그렇게 함으로써 당신이 욕심쟁이가 아니라는 것을 상대방에게 보여줄 수 있으며 상대방은 언제나 이것을 매우 고맙게 생각할 것이다.

상대가 당신을 신뢰하게 된다면 당신이 이루지 못할 일은 없다. 당신은 영리하고 강인하며 효과적인 협상자가 될 수 있다. 그리고 앞으로는 어렵지 않게 정당하고 공정한 방법으로 실력의 협상을 타결해나갈 수 있을 것이다.

다섯번째 찬스, 화술 05
커뮤니케이션도 기술이다

　　　　　　　　우리들은 계산이라든가
경영, 과학 혹은 골프 연습을 위해서라면 시간을 들여 열심히 노력하지만 대화하는 능력을 높이는 문제에 대해선 '뭘 새삼스럽게…….' 하는 태도를 취하기 쉽다.

비즈니스 성공의 관건은 바로 커뮤니케이션 능력에 달려 있으므로 커뮤니케이션 기술을 향상시키기 위해서는 많은 시간을 들여 숙달하지 않으면 안된다.

커뮤니케이션을 잘하기 위해 특별히 마련된 기술은 없다. 중요한 것은 자기 생각을 정확히 상대편이 이해할 수 있도록 전달하기만 하면 되는 것이다. 그러나 그 말은 말처럼 쉽지 않아서 생각을 제대로 이야기하고 싶어도 막상 상대방과 마주하고 있으면 좀처럼 말이 잘 나오지 않는 법이다.

조사에 의하면 사람들은 새로운 사람을 만나면 7초 이내에 상대방에 대한 인상을 결정짓는다고 한다. 이렇게 의사소통은 대부분 무언중에 이루어진다. 의식적이든 무의식적이든 우리는 눈, 얼굴, 몸 및 태도를 통해 진정

✻ 파워포인트
사람들을 볼 때는 눈을 똑바로 쳐다보아라.

한 감정을 표시하는 동시에 우리는 상대방이 안도감에서 공포심을 느끼는 것까지 일련의 감정적인 반응을 느끼도록 유도하고 있다.

당신의 기억에 가장 생생하게 남아 있는 만남은 무엇인가. 배우자를 처음 소개받았을 때 입사 면접, 낯선 사람과의 우연한 만남 등 기억에 또렷이 남아 있는 만남의 경험이 있을 것이다. 최초의 7초 동안을 떠올려 그때 당신이 어떤 느낌과 생각을 가졌는지 생각해보라.

당신이 상대방을 어떻게 읽었으며 또 상대방이 당신을 어떻게 읽었다고 생각하는가?

그것이 기술적인 커뮤니케이션, 혹은 진정한 커뮤니케이션을 위한 출발점이다.

다섯번째 찬스, 화술 05
말을 잘하기 위한 세가지 요소
−인내 · 준비 · 실천력

 말을 잘하기 위해서는
인내, 준비, 실천력의 세 가지를 겸비해야 한다. 어떤 일이든 능숙해지기 위해서 노력을 거듭하여 시간을 투자해야 한다. 말을 잘하는 지름길이란 있을 수 없다. 하기야 화술이나 목소리면에서 마치 이야기하기 위해 태어난 것 같은 사람도 있기는 하지만 대부분의 사람이 그렇게 특혜받은 조건을 가지고 있는 것은 아니다. 문제는 이와 같이 평범한 사람이 어떻게 하여 말을 능숙하게 풀어 나가는 기술을 익힐 수 있느냐이다.

알거나 기억하고 있는 말을 가능한 최대로 늘리고 목소리를 연구하고 훈련시킨다.

연설을 힘차게 하거나 알기 쉽게 전달하려면 이야기를 시작하기 전에 충분한 준비와 노력이 필요하다. 강연 원고가 완성되면 이번에는 강연을 완전한 것으로 성사시키기 위한 노력을 해야 할 차례이다.

다섯번째 찬스, 화술 05
당신도 훌륭한 강연자가 될 수 있다

 비슷한 주제를 가지고
비슷한 내용으로 비슷한 주장을 피력하는데도 매력적이고 훌륭한 강연이 있는가 하면 재미없고 구태의연한 강연도 있다.

강연의 주된 수단이 언어라는 점에서 살펴볼 때, 결국은 표현기법상의 몇 가지 차이가 강연의 승패에 크게 좌우됨을 어렵지 않게 짐작할 수 있다.

강연을 잘하는 사람과 못하는 사람의 가장 중요한 차이는 말의 억양이나 속도 변화에서 온다.

강약과 높고 낮음, 그리고 빠르고 느림이 잘 조화된 언어 표현, 그것이 훌륭한 강연을 위한 화술의 제 1지표이다.

글을 쓸 때 띄어쓰기를 잘못하면 전혀 뜻이 달라진다. 말도 마찬가지이다. 쉴 곳에서는 쉬고 이어갈 곳에서는 이어가야 말에 생기가 돌고 힘이 있게 된다. 그 의미나 흐름에 맞추어 어구를 한 단위로 묶어서 이야기 하자. 군인들처럼 한 단어씩 끊어서 말하지 않는다. 즉, 한 어

구는 한꺼번에 표현하는 것이 물 흐르듯 자연스러워진다.

   그리고 감정을 이입할 것, 흥분해야 할 부분에서는 실제로 흥분하고 호소해야 할 부분에서는 간절한 호소가 되게끔 그 내용에 따라 절실한 감정을 불어넣어서 말하도록 하자. 이상이 강연을 준비하는 사람이 꼭 알아두어야 할 화술 기법이다.

다섯번째 찬스, 화술 05
좋은 인상을 찾는다

　　　　　　기업 경영인, 정치가,
연예계 종사자들, 그리고 그밖의 성공하기를 원하는 많은 사람들과 만나본 결과, 그들이 설득력있게 자기 표현을 하고 적대적인 질문에는 적절히 대응하며 효과적으로 커뮤니케이션을 전달하는 비결은 다음과 같았다. 그것은 언제나 스스로가 메시지라는 점을 자신에게 일깨워준다는 것이다.

당신이 가진 훌륭한 능력을 활용할 수 있어야 한다. 그렇게 할 수만 있다면 사람들은 당신과 함께 있기를 좋아하고 당신과 협력하고 싶어할 것이다.

용모, 정력, 언어 능력, 목소리의 억양, 활기 및 제스처, 눈의 표현력, 상대방의 관심을 끌 수 있는 능력 등 당신이 가진 자산을 축적하라. 상대방은 이 모든 것들을 바탕으로 해서 당신에 관한 인상을 종합적으로 형성하게 된다.

이번에는 당신이 남에게 좋은 인상을 주었던 경험을 생각해보라. 당신의 어떤 점이 상대방에게 좋은 인상을

줄 수 있었을까? 나는 다음과 같이 자신있게 말할 수 있다. 당신은 자신이 말하고 있는 것에 몰두하고 있었고, 자신이 무슨 말을 하는지를 분명히 알고 있었으며, 또 그 순간의 대화나 행동에 몰입한 나머지 상대에게 잘 보여야 한다는 의식을 떨쳐버리고 스스럼없이 행동했을 것이다.

다섯번째 찬스, 화술 05
눈으로 호소한다

 **대상이 한 사람이든** 백 사람이든 관계없이 상대에게 관심이 있다는 사실을 나타내기 위해서는 상대방을 정면으로 응시해야 한다. 사람들에 따라선 말을 시작할 때는 상대를 똑바로 쳐다보지만 세 마디도 하기 전에 시선을 돌려 창밖을 내다보는 경우가 흔하다.

실내에 들어설 때는 시선을 이리저리 움직이며 편안하게 여기 저기를 둘러보아도 되지만 일단 들어선 다음에는 방안에 있는 사람들을 똑바로 바라보며 미소를 지어야 한다.

이러한 태도가 당신을 바라보는 사람들에게 당신의 심리 상태가 매우 안정되어 있고 자신감이 넘쳐 있음을 나타내기 때문이다.

어떤 사람들은 사람들이 가득찬 방에 들어가는 것을 마치 사자 우리에 들어가는 것처럼 두려워하거나 난처하게 생각한다.

설사 그런 생각이 들더라도 문을 열고 들어서면서 발

> ✱ 파워포인트
> 행복은 재산이나 권력, 특권 등에 달려 있는 것이 아니라
> 네가 사랑하고 존경하는 사람과 네가 맺고 있는 관계에
> 달려 있음을 이해하도록 해라.

을 내려다보거나 천장을 쳐다보며 인사를 해서는 곤란하다. 이런 행동은 낯섦과 서먹서먹한 관계를 의미하기 때문이다.

무엇보다 미소를 짓는 것이 중요하다. 그런데 어떤 사람들은 미소를 마치 술책을 쓰듯 이용한다.

이런 사람들은 대체로 상대방을 제대로 보지 않고 이를 드러내며 기계적인 웃음을 짓는다. 그런 사람과 마주 대하는 것은 시선을 주지 않는 상대와 대화하는 것과 마찬가지로 어색하고 불쾌하다.

미소와 시선의 마주침은 억지가 아닌, 가슴에서 우러난 부드럽고 편안한 것이어야 한다.

다섯번째 찬스, 화술 05
자신의 이야기 속에 상대방을 끌어들여라

 **자신을 내보이기 전에**
다른 사람을 대화 속에 끌어들여야 한다. 일단 대화의 내용이 당신 위주로 진행되는 동안에 아무것도 배울 수가 없는 법이다.

회의, 파티 또는 인터뷰에 임할 때, 자기 의견부터 선뜻 내놓으려는 성급함은 버려라. 잠시 기다리며 무엇이 어떻게 진행되고 있는지 분위기를 파악한다. 다른 사람들의 분위기는 어떤지 ―그들이 저기압인지, 즐거운 표정인지, 기대에 차 있는지, 그들이 당신으로부터 열심히 무엇을 들으려 하는지, 아니면 적대적인 태도를 취하고 있는지 파악하라. 그들과의 만남에서 대화를 당신 쪽으로 유도하기 위해선 다른 사람들의 심리상태를 파악하는 능력이 큰 도움을 가져다줄 것이다.

다섯번째 찬스 화술 05
대화에도 에너지가 필요하다

 텔레비전 출연을 위해서
방송국에 갔었을 때의 일이다. 방송국 대기실에 허약하고 자그마한 노인이 소파 모서리에 웅크리고 앉아 있는 것이 보였다. 나는 이렇게 생각했다. '저런, 저래 가지고는 쇼 도중에 쓰러질지도 모르겠군!'

이윽고 방송이 시작되었을 때 나는 깜짝 놀라고 말았다. 주위의 에너지가 모두 그의 체내로 들어가는 것과 같이 그는 벌떡 일어서더니 나에게 윙크를 보내며 미소를 지었다. 무대로 통하는 문이 열리자, 그는 팔을 흔들며 성큼성큼 걷는 특유의 걸음걸이로 무대에 나섰다. 그의 본모습이 갑자기 우리들의 눈앞에 나타난 것이다. 그는 결코 아프거나 기운이 없어 맥없이 앉아 있었던 것이 아니었다. 공연을 위해 자신의 에너지를 아끼고 있었던 것이다. 당신도 앞의 토크쇼 사회자처럼 에너지를 비축하고 사람을 만나본 적이 있는가. 나는 누군가와 만나기 전에 조용히 앉아 생각을 가다듬곤 한다. 심호흡을 하며 만남의 목적—나 자신과 다른 사람의—에 관해 생각한

✱ 파워포인트

실패했을 때는 유머 감각으로 받아들여라. 유머 감각을 가지고 있는 사람이, 풀리지 않았던 일이나 그것 때문에 발생되는 비관성을 쉽게 극복할 수가 있다.

다. 때로는 몇 분 동안 왔다갔다 하면서 마음을 가라앉히기도 한다. 일단 만남이 시작되면 그때부터는 개인적인 문제에 대해선 일절 생각하지 않는다. 상대방에게만 주의를 집중시키고 상대방이 좋아할 만한 것을 찾아내려고 노력한다. 에너지를 결집하는 이유는 진지하게 무엇인가를 믿고 싶거나 이루어지기를 바랄 때 힘을 모아두었다가 필요할 때에 발휘하기 위해서이다. 에너지를 축적한 사람은 사람들과 대화를 나눌 때 전해져야 하는 메시지에만 전념한다. 우리가 그의 말에 동의하지 않을 수는 있다. 그러나 그의 확신을 의심할 수는 없을 것이다.

확신에 찬 태도는 상대방에게 믿음을 심어준다. 어떤 사람들은 목소리를 높이기 시작하다가 갑자기 자신이 없는지 소리를 낮추거나 손으로 입을 막는다. 그렇게 자신 없는 사람의 말을 따를 사람이 누가 있겠는가. 침착하고 조심스러우며 신중한 것은 좋지만 단지 생각을 전달하려는 것에도 자신이 없어 일을 완수하지 못한다면 곤란하지 않을까.

다섯번째 찬스, 화술 05
강연을 부드럽게 시작하는 요령

청중 앞에 서면 당연히 마음이 흥분되기 마련이다. 떨리기도 하고 앉아 있는 청중도 한꺼번에 눈에 들어오지 않을 것이다. 그러나 결코 겁내거나 서두를 필요는 없다. 심호흡을 하고 천천히 좌중을 둘러 보라.

눈에 뜨이는 사람이 있다면 그 사람과 직접 시선을 맞추어 본다. 일부러라도 가볍게 씽긋 웃어 보라. 그리고 서서히 이야기를 풀어나가면 된다. 장황한 인사말이나 중언부언의 자기 소개는 금물이다. 이미 사회자의 소개로도 충분하다. 특별히 자기를 소개할 말이 있다면 강연 도중에 강연 내용과 자연스럽게 연결하여 말하는 것이 오히려 청중에게 당신에 대한 흥미를 가중시킬 것이다.

강연은 서론 부분에서 서서히 분위기를 잡아가면서 진행해가는 것이 원칙이다. 그러나 아예 인사말을 생략하고 본론으로 곧바로 돌입함으로써 청중에게 일종의 긴장감을 불러일으켜 주의를 집중케 하는 것도 시도해볼 만한 요령이다.

다섯번째 찬스, 화술 05
강연을 자연스럽게 마무리하는 요령

이야기의 도입 부분이 중요하다고 앞에서 강조한 바와 마찬가지로 이야기를 끝마치는 방법에도 신경을 써야 한다. 청중들이 강연이 계속될 것인지 끝난 것인지 구분하지 못할 정도로 애매하게 끝마치는 것은 청중을 당황하게 만든다. 끝맺음은 딱 잘라서 구분질 수 있어야 한다. 멋지게 연설을 한 후에 "귀중한 시간을 허비하게 해드려서 죄송합니다."와 같은 시시한 말로 끝맺음을 하는 사람이 얼마나 많은가. 이럴 때는 "감사합니다." 하고 그냥 앉는 것이 좋다. 가장 좋은 끝맺음의 방법은 청중이 언제든지 좌석을 떠날 수 있는 상태로 유도하는 방법이다.

이야기를 능숙하게 끝마치기 위해서도 훈련이 필요하다. 그러나 이것은 생각보다 어려운 것은 아니다. 이야기하는 횟수가 많아지면서 차차 요령을 터득하게 될 것이다.

다섯번째 찬스, 화술 05
자신을 꾸미지 말자

 나는 언젠가 탄탄한 기반으로 다져진 건실한 기업의 회장—모두들 두려워하는 폭군—이 참석한 간부회의에 출석한 일이 있었다. 그는 사소한 일정 문제를 가지고 화를 벌컥 내면서, 돌아가며 모든 사람들에게 윽박질렀다. 주눅이 든 사람들을 보면서 마치 위세를 부리며 즐거움을 만끽하려는 것 같았다. 내 차례가 되었을 때 그는 이렇게 소리쳤다.

"그런데 당신은 뭘 할 작정이오?"

나는 반문했다.

"지금 말입니까? 오늘밤에 말입니까? 아니면 제 여생에 뭘 할 작정이냐는 말씀입니까?"

한순간 침묵이 흘렀다. 다른 참석자들은 긴장과 두려움이 섞인 깜짝 놀란 눈으로 나와 회장을 번갈아 쳐다보았다. 다음 순간 그 회장은 머리를 뒤로 젖히며 요란하게 웃음을 터뜨렸다. 다른 사람들도 웃었다. 내 유머가 불편한 긴장을 일시에 무너뜨렸던 것이다.

너무 심각하고 진지하게만 생각하는 사람들이 있다.

✽ 파워포인트

당신이 책임지고 있는 문제로 너무 깊게 생각하고 괴로워하지 말라.
늘 걱정해서 나쁜 결과를 예상하는 것보다 성공을 위해 온 힘을 쏟으라.

평소에 그들은 본인 앞에 닥친 일에만 온 신경을 집중하거나 자기 자신에 관한 사사로운 문제점을 떠벌리며 말을 많이 하는 사람들이다.

  냉정히 자신을 살펴보자. '나'라는 말을 너무 자주 사용하지는 않는가? 평소에 자신의 문제에만 빠져 있지는 않은가? 자주 불평을 하지 않는가? 다른 사람이 새로운 아이디어를 제시할 때 거기서 결점만을 찾아내려 하지 않는가? 만약 이들 질문 가운데 한 가지만이라도 그렇다는 대답이 나온다면, 당신은 긴장을 풀고 명랑해질 필요가 있다. 당신은 분명히 친구, 가족 및 동료를 피곤하게 만들고 있음이 분명하기 때문이다.

다섯번째 찬스, 화술 05
편안하게 대화를 나누려면

 남들을 편안하게 해줄
마음이라면 우선 당신이 편안하게 보여야 한다. 감정의 변화나 성격을 너무 급격히 변화시키지 말고 꾸미지 말아라. 그저 있는 그대로 최선의 모습을 보여라. 당신의 내부에는 이미 친절과 상냥함이 배어 있어 누구에게나 좋은 인상을 주는 비법이 당신도 모르게 숨어 있기 마련이다.

아무도 당신 이상도 이하일 수도 없을 것이다.

다섯번째 찬스, 화술 05
자기 생각을 잘 정리한 후에 표현한다

 자기 생각을 상대에게
전하기 위해서는 무엇을 말하고 싶은가, 내가 말하고자
하는 요점이 무엇인가를 확실히 해둘 필요가 있다.

 말하기 전에 생각을 정리해두는 것 또한 잊어서는 안
된다. 그리고 지시나 방법을 하나하나 포인트를 지적해
가면서 조리있게 상대편에게 전달하는 것이다. 듣는 사
람이 뜻을 파악하지 못하면 곤란하므로 다른 각도에서
설명하는 것도 좋다.

 지시하는 것이 간단하다고 말하는 사람이 있다면 꼭
전해주고 싶은 사례가 있다. 뉴욕의 어느 회합에서 실시
한 간단한 테스트이다. 회원 두 사람이 무대 위에 호출
된다. 한 사람은 커튼 뒤에 숨어서 다른 한 사람에게 지
시를 한다. 그다지 복잡하지 않는 직선 도형을 그리게
하는 단순한 일이다. 주위 사람은 무대의 '예술가'가 그
리는 것을 구경하고 있다. 완성된 작품은 원작자의 의도
하고는 상당히 거리가 먼 것이었다. 지시자는 이 '예술
가'를 통하여 자신이 생각하는 도형을 그리게 하는 일이

얼마나 어려운가에 놀랐다고 한다. 자신의 의사를 전하려면 여기가 중요 포인트라고 생각되는 부분을 확실히 머릿속에 새겨두고 그것을 상대편의 머릿속에 내던지는 기분으로 이야기해야 한다. 모든 테크닉을 써서 목적을 달성하려고 하는 것은 그 다음 요청사항이다.

다섯번째 찬스, 화술 05
남과 똑같은 위치에서 이야기한다

 자기를 빈정대는 말을 듣거나 얕보는 소리를 듣는 것을 좋아하는 사람은 거의 없다. 누구든지 똑같은 위치에서 이야기하고 싶어한다. 존경을 받지 못하더라도 동등한 입장에서 대우받고 싶어 할 것이다. 자기가 생각하는 것을 반감을 사지 않고 상대에게 전하려면 이야기를 친절하고 신중하게 고르지 않으면 안된다.

솔직함과 무분별함을 구분하지 못하는 사람이 있다. 솔직함이란 대화를 나누는 사람 사이의 벽을 허물고 친근함을 더하며 대화를 자연스럽게 이끌어가기 위한 수단이다. 그러나 무분별하게 솔직함을 내세워 자존심을 건드리거나 약점을 내세우는 말들은 오히려 당신을 상종하지 못할 사람으로 떨어뜨릴 위험이 충분히 있다. 중요한 것은 같은 입장에서 나도 저 사람과 같은 생각, 위치에 처해 있다는 생각으로 이야기를 풀어나가는 태도이다.

다섯번째 찬스, 화술 05
억양도 훌륭한 대화가 될 수 있다

 　　　　일 대 일일 경우에는
이쪽 의사를 전하기 위하여 여러 가지 사용할 수 있을 만한 소도구가 이용된다. 오히려 이용하지 않는다면 손해를 볼지도 모른다. 얼굴 표정, 눈동자의 움직임, 어조 등도 훌륭한 소도구가 될 수 있다.

　그리고 쓰는 말씨 하나에도 미묘한 차이가 발생하므로 조심해야 한다. 말하는 어조에 따라 말하려고 하는 점이 생생하게 표현되기도 하고 죽기도 한다. 단조롭고 변화 없는 목소리로 중얼중얼 이야기를 끌어나가면 듣는 쪽도 중요한 부분이 어디인지 파악하기 어려우므로 자연히 졸음이 오고 주의 집중이 안된다. 여기를 강조해야 되겠다고 생각하면 소리를 크게 하든가 혹은 반대로 소리를 줄여야 한다.

　중요하다고 생각되는 곳은 소리의 어조를 변화시킨다. 이것은 대화를 나누는 상식이다.

다섯번째 찬스, 화술 05
이해시키기 위해서 거듭해서 이야기한다

　　　　　　　　아무래도 이쪽 생각이
정확히 전해진 것 같지 않을 때가 자주 있다. 이럴 때는 방법을 바꿔 생각을 전할 필요가 있다. 이럴 땐 이야기 방법을 바꾸어보자. 처음에 문제점을 설명하는 방법을 취했다면 이번에는 상대에게 정보를 구하는 방법을 쓰든가 이래라 저래라 지시를 내리는 방법을 취해본다.

　상황에 맞는 말씨를 선택하는 것도 중요하다. 즉 상대가 이해하기 쉬운 말씨를 써야 한다. 이쪽의 의사를 이해시키지 못한다면 아무리 이야기해도 시간 낭비일 수밖에 없다. 두 사람 사이에 뜻이 엇갈리지 않도록 의미 전달이 분명한 말씨를 써야만 한다. 이쪽 생각이 상대편에게 전해지지 못한 것 같으면 반복해서 말한다. 물론 표현을 바꿀 필요는 있다. 그러기 위해서 도식화하는 것도 효과적이다.

다섯번째 찬스, 화술 05
상대편이 말하는 것을 잘 듣는다

대화는 일방 통행이 아닌 왕복 통행이다. 그러나 이것을 잊고 있는 사람들이 너무 많다. 상대를 대화에 참가시키는 것만으로 충분하다고 말할 수 있을까. 상대가 입을 열자마자 안 들려요, 관심 없어요 하는 식의 태도를 보인다면 상대는 대화에 흥미를 잃고 참여하기를 꺼려할 것이다.

듣는 사람의 행동에 주의하며 이야기하자. 얼굴, 눈, 몸의 움직임에서 눈을 떼어서는 안된다. 듣는 사람의 움직임에 주목하고 있으면 상대가 어떤 부분에서 시시하다고 느끼고 있는지 재빨리 알아챌 수 있다.

이쪽 이야기를 어떻게 듣고 있는지 은근히 속을 떠보는 것도 좋다. 듣는 사람의 답이 이쪽 의도와 다르면 다시 그 부분을 되풀이하여 당신 생각을 이해시켜야 한다.

다섯번째 찬스, 화술 05
사람을 끌어당기는 감동적인 강연 방법

청중의 주의를 일단 끌어들인 후에는 이 상태를 끝까지 지속시켜야 한다. 청중에게 감명을 주고 납득시키고 신뢰를 주어야 한다.

주주에게 보고한다, 보이스카우트에게 안전에 관한 이야기를 한다 등등 여러 가지 강연의 기회를 통해 꾸밈없이 정직하게 청중을 강연의 장으로 끌어들인다. 이해를 심화시키고 당신이 의도한 대로 청중의 의사가 움직이도록 노력해야 한다.

강연은 평소의 스타일을 그대로 유지하면서 자연스럽게 대화하듯 하는 게 좋다. 감격조, 웅변조 화법의 시대는 끝났다.

물론 때에 따라서 약간 과장된 포호절규형의 강의가 필요하기도 하겠지만 시종일관 고함을 질러대는 것은 청중을 피곤하게 할 뿐이다.

가장 바람직한 강연 형태는 자연스러운 대화식이다.

강연을 계속하면서 당신은 목표하는 주제에 청중을 유도해야 한다. 유도하기 위해서는 연설하기 전에 지나치

✱ 파워포인트
격려하라. 잘못을 쉽게 고칠 수 있도록 하라.

다 싶을 정도로 이야기의 줄거리를 충분히 생각해두는 것 외에는 방법이 없다.

이번에는 화법이다. 변화없이 단조로운 것은 좋지 않다. 평소 당신의 말이 좀 느리면 때때로 짧은 문장으로 시원시원하고 또렷한 말씨를 써서 스피드감을 느끼게 할 필요가 있다.

만약 말이 빠른 편이라면 약간 긴 문장을 삽입하여 어조를 낮추는 것이 좋다. 또한 이야기에 액센트를 주지 않으면 청중은 지루해지고 따분해진다.

여기가 중요점이라 생각될 때는 강한 어조를 유지한다. 당신의 이야기가 자꾸만 곁길로 새나간다면 강연의 힘은 그만큼 약화되고 경청할 마음이 없어진다.

다섯번째 찬스, 화술 05
자신있고 겸손하게, 열정을 가지고 진지하게

 　　　　　무엇보다 청중을 깔보는
듯한 강연은 금물이다.

그렇다고 해서 강의 서두에서부터 "사실 저도 잘 모르긴 합니다만." 식으로 자신 없는 강의를 해서도 안된다.

"~입니다"식의 사실어를 구사함으로써 청중의 잠재의식 속에 신뢰감을 불어넣어야 한다.

반면에 자신감이 지나쳐서 자기가 제일인 양 기고만장하거나 으스대는 것 역시 꼴볼견이다. 사람들은 실력 있는 사람, 자신감 있는 사람을 존경하지만 그것을 지나치게 과시하거나 내세우는 사람에게는 오히려 반감을 갖게 된다. 인간심리란 이처럼 미묘한 것이다.

충실한 강의내용과 해박한 지식으로 종횡무진 청중을 사로잡되 끝까지 겸허한 자세를 유지해야만 당신의 강의에 청중은 빠져들게 된다.

어떤 일이나 마찬가지이겠지만 강연 역시 열정을 가지고 열심히 해야 한다. 지성이면 감천이듯 강의에 열과 성의를 다해 최선을 다했다면 청중은 감동하기 마련이

✱ 파워포인트
사람이 너무 가벼워지지 않도록 격식없이
재빨리 말하는 법을 배우도록 하여라.

다. 실제로 땀을 뻘뻘 흘리며 진지하게 열변을 토한 것 하나만 가지고도 청중들은 명강의를 했다고 평가한 경우가 적지 않다. 강의 도중에 유머로써 청중을 웃기더라도 열과 성의를 다하는 기본 자세는 변함이 없어야 한다.

하기 싫은 듯 느릿느릿 상대방이야 듣든 말든 조그마한 목소리로 관심 없는 듯한 무성의한 강연으로는 결코 청중을 감동시킬 수 없다.

빼어난 재주는 없을지언정 나름대로 열심히 자료를 찾아내어 논리적으로 구성하고 그것을 제대로 전달하고자 하는 성의의 강의를 할 때, 그러한 성실성과 열정은 알게 모르게 청중에게 전달된다. 청중은 서서히 강연에 빨려들게 될 것이며, 강연이 끝난 후에도 비록 환호와 화려함은 없을지라도 강사에 대한 호감이 남게 마련이다. 강연은 열과 성의를 다하며 진지하게 이루어져야 한다.

또한 유머는 대화 속에 집어넣되 가볍게 들려서는 안 될 것이며, 재치와 순발력과 쇼맨십을 발휘하되 강사로서의 품위와 인간적 성실함을 결코 잃어버려선 안된다.

다섯번째 찬스, 화술 05
연설은 원고 작성에서부터 시작한다

 지금까지는 연설의 각론만을 말하였기 때문에 이번에는 실제로 연설 원고 작성법에 접근해보기로 한다. 연설 원고를 쓸 때는 다음 사항에 유의하도록 한다.

간단 명료, 좋은 말씨, 정확성, 그리고 성실성 등이다.

나는 이미 알고 있는 말이라고 해서 함부로 쓰지 않는다. 듣는 사람이 이해할 수 있는 말이 아니면 듣는 사람은 물론 이야기하는 당신에게도 시간 낭비만 가져올 뿐이다. 원고를 쓸 때는 늘 "이 말은 청중에게 의미가 제대로 전달될 것인가." 자문한다.

연설에 간단하고 산뜻한 생각이 담겨 있으면 좋다. 청중의 반응을 잘 파악할 수 있기 때문이다.

충실한 자료나 이해를 돕는 설명을 삽입하는 것도 좋다.

자료는 당신 자신의 체험도 좋고 다른 데이터에서 빌려와도 된다. 중요한 것은 풀어나가는 이야기에 도움을 줄 수 있는 것이면 된다.

다섯번째 찬스, 화술 05
원고 작성을 위해 필요한 원칙

 기본 원고는 구체적이며
상세하게 작성해야 한다. 즉, 구체성 있는 원고가 여러 가지 면에서 도움을 준다. 요점만을 열거해놓은 원고는 당장은 수고를 덜 수 있을지 모르나 훗날 별다른 도움이 되지 못한다. 시간이 지남에 따라 연설할 당신 자신도 그 원고를 보고 무슨 말을 하려 했는지 기억이 나지 않는 경우가 흔하기 때문이다.

강연은 보편 타당함이 있는 논리성을 생명으로 한다. 독특한 주장이나 메시지도 중요하지만 비논리적인 억지 주장이어서는 안되기 때문이다.

원고는 당신이 강연중에 쉽게 알아볼 수 있도록 또렷하고 분명하게 써야 한다. 내용을 한눈에 식별할 수 있도록 색연필 등을 사용하여 명확하게 작성한다.

또한 원고는 강연을 전제로 작성하는 것이지 검열이나 결재를 받아 비치하기 위해서 만든 것이 아니다. 다시 말하면 실용적인 성격이 있어야 한다.

원고의 양식이나 기재방법 등 형식에 구애받아 강연

효과를 떨어뜨리는 일이 없도록 사용하기에 편리한 독창적인 원고를 만든다.

 평이한 사실이라도 감탄과 공감을 불러일으킬 수 있도록 창의적인 설명이 덧붙여져야 하며 그것을 뒷받침할 수 있을 때 비로소 뛰어난 원고라 할 수 있다.

여섯번째 찬스 06.
"배려"

손익 계산없이
내가 먼저 베풀때 기회는 찾아 온다

여섯번째 찬스, 배려 06
사람과의 관계는 영원한 문제로 남는가

　　　　　　　　　　인간관계라는 말을 들
으면 기분이 좋다거나 즐거운 관계라고 상상하기보다는
일단, 자질구레하게 신경이 많이 쓰이고 가능하면 이런
귀찮은 일은 피해가고 싶다고 생각하는 사람이 의외로
많을 것이다.

이 번거로운 인간관계는 현대에 들어와서 갑자기 발생
한 문제는 아니다. 옛날 혹은 태고 때부터 사람과 사람
의 교섭, 절충, 서로의 관계에 따른 어려움으로 인간이
라면 어떤 조건, 어떤 상황에 관계없이 모든 사람들이
고민해온 것이다.

과학 기술이 전에 없이 진보한 오늘날에도 인간과 인
간의 관계를 조절하거나 서로 협력하는 것은, 예나 지금
이나 어려운 일이다. 아니 오히려 과학과 기술이 진보하
고 인식과 가치관이 다양해진 까닭에 더욱더 어려워졌다
고도 할 수 있다.

그러나 복잡하고 어려워졌다고 해서 우리들은 인간관
계를 그만 두거나 단절시킬 수는 없다. 인간적인 관계가

✱ 파워포인트

기대에 어긋났을 경우 도망갈 수단으로 선수를 쳐
비관적인 예상을 한다든지 하면 안된다.
이것은 단호하게 싸우지 않으면 안 될 약점이다.

없으면 우리들은 단 하루도 올바르게 꾸려갈 수 없기 때문이다. 그래서 사람과 사람의 관계를 어떻게 잘 유지하고 조절하며 발전시켜가는가 하는 문제는, 사회나 회사에서 성공적으로 살아가는 기술이나 방법에 적용될 수 있다. 사람은 어렸을 때는 가정이라는 울타리 안에서 양친, 조부모, 형제만의 관계로 인간관계를 유지한다. 그것이 유치원·초등학교·중고등학교·대학교를 거치고 나이를 먹어감에 따라 그 관계도 교사·선배·후배·급우 등 기하급수적이며 상하 종횡으로 증가한다. 그러나 점점 인간은 어렸을 때와 달리 타인이 자신의 생각대로 움직이지 않으며 타인과 관계하는 것이 귀찮아지고 인간 사이에서 존재하는 각종 번거로운 점들로 인해 고민할 수밖에 없다는 것을 깨닫게 될 것이다.

그런 경우는 굳이 예를 들지 않더라도 많이 있다. 선의가 헛되이 와전되거나 친절이 무가 되거나, 호의가 오해를 받거나, 묘한 평판을 듣거나, 무시당하거나…… 오히려 피곤에 지쳐 나동그라지지 않는 편이 이상할 것이다.

✱ 파워포인트

긍정적으로 생각하라. '절반밖에 없다'고 생각하지 말고
'절반씩이나 남았다'고 생각하라.

　신입사원들이 힘들게 회사에 채용되어 그 기쁨을 누리는 것도 잠깐이다. 직장 생활 속에서 인간관계의 번거로움에 지쳐 입사한 지 1, 2개월 내지는 반 년 사이에 힘에 겨운 나머지 그만두는 사람이 많은 것을 봐도 알 수 있다.

　그러나 그 직장을 그만두고 다른 회사에 다시 취직한다고 해서, 과연 그곳이 전의 직장에 비해서 더 낫거나 조건이 좋을 것이라 확신한다면 그것은 오산이다. 그곳도 전과 마찬가지로 분명히 귀찮고 번거로운 인간관계가 밀어닥치게 된다.

　인간관계는 사회나 회사에 참가하고 성장함에 비례해서 증가한다. 비록 힘들고 어렵더라도 인간관계 속에서 인간은 결국 고뇌하기 마련이며 여러 가지 궁리 속에서 어떻게든 인간과 인간 사이에 적응해가지 않으면 안된다. 또한 적응하는 노력에 비례해서 직장 생활을 쾌적하게 보낼 수도 있고 힘들게 보낼 수도 있다.

　당신은 수차례의 경험이 있다. 가령, 예를 들어보면 '그런 뜻으로 말한 게 아닌데 왜 그런 식으로 받아들이

✻ 파워포인트
만일 낙천적인 태도를 취함에 따라 성공할 수 있다면 그 성공은
낙천적인 태도 덕분이라는 것을 명심하라.

는 거지?'라든가 '농담이야, 농담으로 말한 건데 뭘 그렇게 심각하게 생각해?'처럼 전혀 의도하지 않은 방향으로 나아가거나 왜곡되어 해석된 상황에 기가 막힌 경험이 누구에게나 분명히 있다. 이런 경험이 생길 때마다 인간과의 관계가 어렵다는 것을 새삼스레 실감하게 된다.

사람은 모두 각각 개성이 있다. 그렇다고 해서 다른 사람의 생각을 무시해서는 안된다. 인간에겐 다른 사람이 침입하기 거부하는 자기만의 세계와 감정이 있다. 도리(이론)대로 움직인다면 도덕책과 무슨 차이가 있겠는가. 인간관계의 어려움은 바로 이 감정의 조화를 어떻게 조절하느냐에 있다. 세상 이치에 밝은 사람, 인간관계를 향상시키기 위해 노력중인 사람은 이 감정 처리의 기술이나 방법이 몸에 익어 있는 경우라고 보아야 할 것이다.

당신도 조금이라도 빨리 인간관계에 익숙해지길 원한다면 다음의 항목을 실천해 몸에 배도록 노력한다.

(1) 당신이 알고 있는 사람에게 관심을 갖는다. 인간은 자신에게 관심을 가져주는 사람에게는 마음을 열어 호의

✽ 파워포인트

당신의 감정, 욕구, 소원을 충분히 자각하고 다른 사람에게도
그 사람의 감정, 욕구, 소원이 있다는 것을 인정하라.

를 나타내기 마련이다. 상대의 취미와 싫어하고 좋아하는 것, 사물에 대한 견해, 가치관, 가정 환경, 습관 등에 대해서 관심을 가지며 그것을 기억하고 있다는 것을 넌지시 알린다. 사소한 일을 기억해주거나 고민의 상담자 역할을 해준 친구에게는 당신이 먼저 친근감을 가지고 마음을 열어주게 된다. 이번엔 당신이 주위 사람에게 먼저 큰 관심을 가져보도록 하자.

(2) 남의 말을 잘 들어주는 사람이 된다. 말을 잘 하는 사람은 듣기를 잘 하는 사람이라는 말이 있다. 이야기를 잘 들어주는 사람이 있다는 것은 말하는 사람을 기쁘게 하거나 용기있게 만든다.

(3) 상대방의 자존심에 상처를 입히지 않는다. '나 같으면 그렇게 안 해.' '저리 가, 나 지금 바쁘단 말이야!' 등처럼 상대를 무시함으로 해서 서먹서먹한 관계가 되거나 차츰 멀어지는 경우가 있다.

사람은 누구나 남에게 존경받는 위치는 아니더라도 유일한 존재로서 인정받으며 자신의 위치를 확인하고 싶어

✱ 파워포인트
위험한 행동을 취하면 왜 나는 신중함이 없어져버릴까
하고 당신 자신에게 물어보라.

하는 법이다. 상대의 가치를 있는 그대로 인정하는 것이 중요하다. '아하, 그런 것도 있군.', '미안하지만 좀 바빠, 다음에 하자.' 등 상대의 자존심을 지켜 주도록 한다.

다음은 상사나 선배와의 관계를 편안하고 유대감있게 유지하기 위한 방법들을 열거해보기로 하겠다.

누구나 처음엔 신입사원이었다. 상사·선배들은 자신이 거쳐온 신입사원 시절의 경험을 되돌아보며 후배(신입사원)에게 바라는 것이 있기 마련이다. 그 내용은 사람에 따라 다를 수 있겠지만 이런 점은 행동하지 말아야 하고 이런 점은 적극적으로 권하고 싶은 것들이 많을 것이다.

(1) 모르는 것은 주저하지 말고 질문한다. 무시당하고 싶지 않다거나 모른다는 사실 하나로 경멸당하고 싶지 않다는 등의 두려움과 주저로 모르는 것마저도 질문하려 하지 않는 사람이 있다. 그 중에는 오히려 동료인 신입사원에게 묻는 사람도 있는데, 이것을 보는 상사·선배들은 몹시 불쾌한 생각을 하게 된다. 거리낌없이 질문하

기 바란다. 질문은 당신을 한 단계 앞서 나서게 할 것이다.

(2) '제게 시키십시오'라고 자발적으로 신청한다. 자신은 지시받지 않았기 때문에 일을 하지 않아도 된다고 생각한다면 배우는 속도가 늦어질 뿐만 아니라 일에 대한 의욕조차 없는 사람처럼 보여지기도 한다. '누구 손이 비는 사람 없나?' '누구라도 좋으니까 틈 있을 때 이걸 해두었으면 좋겠는데'라고 상사나 선배들이 요구할 경우 '제가 하겠습니다' 하고 주저없이 나선다면 당신을 도드라져 보이게 만드는 수단이 될 것이다. 주어지는 일보다는 획득된 일에서 당신의 만족도는 훨씬 높아진다. 일은 획득해야 한다.

(3) 상사·선배를 정중하게 섬긴다. 출장이나 업무 상으로 선배나 상사들과 함께 행동할 때는 그들을 높여서 대우한다. 예를 들면 차표를 살 경우, 좌석에 앉을 경우, 택시를 잡을 경우, 식사를 함께할 경우, 적극적으로 움직이거나 그들의 편의를 봐주며 그들에게 '재치가 있다'는 칭찬의 말을 들을 수 있도록 노력한다. 이것은 아첨

✱ 파워포인트

만일 찬성하지 못할 경우라도 상대의 말을 깔끔하게
끝까지 들어주는 자세를 배우라.
상대에게 마지막까지 이야기하게 해 모르는 곳을 질문을 하여
최종적인 판단을 하라.

으로 보여지기보다는 적극적이며 활동적으로 보이기 때문에 매우 성의있게 일하려는 의욕이 넘쳐보여 당신을 대견스럽게 여길 것이다.

(4) 학생 시절을 되돌아보는 것은 어리석은 행동이다. 사회와 학교는 엄연히 구분되어야 한다.

학생 시절이나 아르바이트 때를 생각해내고는 과거의 경험에 구애되어 있다면 상사·선배로부터 '아직까지 학생 기분으로 남아 있다면 어떡하나' 라고 경멸당하기 쉽다. 로마에 가면 로마법을 따르라는 말이 있다. 사회인·조직인은 학생의 연장이 아니라 새로운 시작이므로 마음 가짐을 다시 잡아야 할 것이다.

(5) 상사·선배의 업무적인 방법을 뒤에서 비판하지 않는다. 그들의 업무상의 태도를 뒤에서 비판하거나 푸념하기보다는 회의나 미팅이 있을 경우 적극적으로 발언한다. 직장 동료는 학생 시절의 급우와는 성격이 다른 보배이며 재산이 된다. 그들이 갖고 있는 장점이나 사고방식 능력을 광범위하게 흡수해 당신의 사교성을 넓히고

인간관계에 관한 지식을 깊고 풍요롭게 하는 기회로 삼는다.

(6) 동료를 짓밟고 승승장구 출세가도를 달리려는 생각을 버려라. 샐러리맨 소설 중에는 자신의 출세나 좋은 지위에 오르기 위해 중상·비난 등을 뒷자리에서 하거나, 술좌석에서 푸념하는 장면을 자주 볼 수 있다. 비록 소설이긴 하지만 당신이 이러한 비열한 사람 중에 속하지 않길 바란다. 그러한 동료가 있다면 오히려 타이를 정도의 너그러운 마음과 여유가 있어야 한다.

(7) 동료의 취미에 트집을 잡지 않는다. 취미란 좋아해서 하는 일이다. 그것에 트집을 잡거나 우습게 여긴다면 상대는 멸시당했다고 생각하며 승오의 미음을 갖게 된다. 물론 인간관계도 원만해질 수 없다.

(8) 극단적인 자기 과시, 자기 비하는 금물이다. 자신을 지나치게 두드러져 보이게 하거나, 반대로 '나는 안 돼…….' 등의 자기 비하에 빠지면 주위 사람들은 화가 나거나 초조감을 갖게 된다. 더 나아가 당신을 경멸하거

✱ 파워포인트
모든 사람의 행동은 그때그때의 기분에 의해
영향을 받고 있다는 것을 잊어서는 안된다.

나 무시할지도 모른다.

(9) 동료를 강압하거나 억지로 권하지 않는다. 일은 물론 사적인 경우에 있어서도 '해 줘.' '난 지금 바쁜데, 이 일 좀 빨리 해줄 수 없겠어.' '지금 시간 있지, 그럼 이것 좀 부탁해.' 등 상대방에게 업무를 떠맡기거나 강압하는 듯한 태도는 상대로부터 거부당하고 동료들 사이에서도 겉돌게 된다. 이처럼 강압하는 듯한 태도가 언젠가 되돌아오지 않는다고 장담할 수는 없다.

(10) 서로를 격려하는 관계이어야 한다. 일에 있어서의 개선법, 거래처의 정보교환, 격렬한 토론 등 늘 서로에게 자극과 격려를 주는 관계는 생애의 벗이 되어 직장생활의 즐거움을 더할 수 있게 만들 것이다.

여섯번째 찬스, 배려 06
사람과의 기본 예절은 인사이다

 회사의 최대 목표는 무엇일까. 그것은 경쟁 상대와 싸워서 이겨 살아남는 것이다. 그렇지 않으면 기업은 지탱할 수 없기 때문이다.

그 살아남기 위한 조건으로 제시되는 것이 '이익을 본다'와 '인간관계가 좋다'는 점이다. 이 두 가지 조건이 없다면 기업은 어떤 요인에 의해서건 결국 지탱이 힘들게 된다. 사회의 경기 흐름이나 불황에 좌우되어 회사가 아무리 총력을 기울여도 소생하기 힘든 경우도 생길 수 있다. 여기에서 '인간관계가 좋다'라는 말은 사장에서 신입사원에 이르기까지 개개인이 누구와도 원만한 유대관계를 이루어놓았기 때문에 그로 인해 쉽게 도산하지 않는다는 이야기라고도 할 수 있다. 그 인간관계를 구체적으로 실현하는 일이 바로 '인사'이다. 인사의 기본은 상대방에게 감사를 표시하는 일부터 시작한다. 상대방에게 호의를 대접받거나 신세를 졌을 경우에는 각별히 이 점에 주의를 기울여야 한다.

인사라는 낱말의 사전적 의미는 '안부를 묻거나 공경

✱ 파워포인트
책임이란 당신 자신에 대한 것뿐이 아니고
남에 대해서도 있다는 것을 잊지 말라.

의 뜻을 표하기 위하여 예로서 표현하는 일' '사람들 사이에 지켜야 하는 예절다운 언행'이다. 즉 마음을 터놓고 상대방과 접촉하는 것에서 인사의 본질적 의미를 구할 수 있다. 모든 인간관계를 무리없이 유지하기 위해서는 서로가 마음을 열어놓아야 하며 마음의 개방이 없다면 사람들은 사방이 벽으로 둘러싸인 방에 갇힌 것이나 다름이 없다. 항상 인사하는 습관이 몸에 배어야 한다.

인사를 받으면 반드시 공손하게 답례하라. 그러나 그보다 먼저 상대방에게 인사를 할 줄 알아야 한다. 사장에서부터 신입사원에 이르기까지 정중하게 인사하는 법을 모른다면 회사가 성장하는 길에 많은 어려움이 있을 것이다.

지금껏 생활해오면서 당신은 과연 몇 종류의 인사를 알고 있는가. '안녕하십니까', '미안합니다', '고맙습니다', '다녀오겠습니다', '잘 먹겠습니다', '맛있게 먹었습니다', '편히 쉬십시오' 등 많아야 열 가지 정도일 것이다. 하지만 이 인사마저도 자주 하는 것은 아니다. 아

무리 많은 가짓수의 인사를 알고 있더라도 실행에 옮겨지지 않는다면 소용이 없는, 무용지물이 되고 만다.

출근할 때 마주치는 수위 아저씨나 청소하는 아주머니에게도, 회사에 있는 모든 사람이 당신의 선배라고 생각하고 누구에게든 '안녕하십니까'라고 고개를 숙인다.

인사를 정확하게 하는 사람은 언제나 인정을 받고 신뢰를 받는다. 이것은 단지 신입사원 때만이 아니라 과장, 부장, 사장이 되어서도 항상 '안녕……'이라고 인사하라.

여섯번째 찬스, 배려 06
배우는 것은 수치가 아니다

　　　　　　　　　　지식을 얻을 수만 있다
면 돈을 주고서라도 얻어야 한다. 그런데 우리네 사람들
은 무형적인 것에 대가를 지불해야 한다는 습관이나 인
식이 없다. 사귐의 효용은 지식을 모을 수 있다는 데에
있다.

　자기를 과시하고자 하는 욕망은 누구에게나 있기 마련
이므로 자기 의견을 무리하게 관철시키고 싶어한다. 그
러나 자기 의견은 어디까지나 자기 혼자만의 의견일 뿐,
완전한 것일 수는 없다. 그렇다고 타협을 하라는 말은
아니다. 상대방의 이야기를 충분히 듣고, 항상 상대방에
게 배운다는 자세를 가진다면 우정은 원만하게 유지될
수 있다.

　페트로니우스의 말 중에 '손이 손을 씻는다'는 말이
있다. 친구끼리 일치협력해서 한 가지 일을 완수한다는
뜻이다. 그러기 위해서는 상대방으로부터 가르침을 받
는다는, 한 발 뒤로 물러서는 자세가 무엇보다도 중요하
다. 공자도 "남에게 배움을 청하는 것은 수치가 아니

다."라고 말했다.

이것은 지극히 당연한 것이며, 오히려 그렇게 하지 않으면 사람은 무지 속에 빠질 뿐만 아니라 어떠한 진보도 기대하기 어렵다.

모른다는 것이 부끄러워 건성 대답을 해버리거나, 아무렇게나 대응해서는 안된다. 남에게 솔직하게 배움을 청하는 겸허함과 상대방의 대화 내용이 재미가 없더라도 주의 깊게 들어줌으로 해서 상대방의 체면을 세워준다는 관용 사이에는 공통점이 있다. 모르는 체하며 상대방으로부터 배움을 구하는 것과는 그 의미가 다르다. 어느 쪽이든, 항상 자신이 계속해서 의견을 말하는 입장에만 선다는 것은 어중쩡한 지식에만 머무를 염려가 있다.

많은 사람들은 자신의 무지를 사람들 앞에 드러내려고 하지 않는다. 그것이 마치 연장자로서 또는 상사로서의 품위인 것처럼 생각하는 경우가 있는데 젊은 사람들이나 부하들이 망연자실해서 말을 잇지 못하고 그저 침묵할 수밖에 없는 경우까지 억지로 관철하려 해서는 안된다.

✻ 파워포인트
신중한 행동보다도 분별없는 행동이 훨씬 나쁜 결과를 가져올 가능성이 있다.
위험한 상황에 있을 때에 특히 이 점을 상기하라.

 나이에 의한 단절이란 바로 이런 과정 때문에 생겨나는 경우가 많다. 남에게 배운다는 자세가 없는 중년의 해이해진 남자를 가리켜 '성숙할 기회를 잃은 채 썩어버린 과일과 같다'고 헨리 밀러가 비평했던 것처럼, 그런 사람은 애정과 존경을 받는 입장에 설 수 없을 것이 분명하다.

여섯번째 찬스, 배려 06
성의를 다하여 사람을 사귄다

사람을 사귀다 보면

'성의가 없다'는 말을 종종 들을 수가 있다. 기대에 못 미치거나 성에 차지 않을 때 털어놓는, 일종의 불만이다. 그러면 성의란 과연 무엇일까. 실행되지 않는 일종의 빈말인가, 구체적으로 나타난 행동인가, 아니면 금전적 보상인가.

사람과 사람의 사귐이란 결국은 마음과 마음의 문제이다. 아무리 테크닉을 발휘해도 마음이 담기지 않았다면 받아들여지지 않는 법이다. 다른 사람을 위해 최선을 다하고 자신이 손해를 볼 수도 있다는 희생 정신이 없다면 사람들은 그것을 성의라고 부르지 않을 것이다.

그러나 상호 관계란 어느 한쪽의 일방적인 주장으로 만들어지는 것은 아니다. 다른 사람의 희생을 가만히 앉아서 보아 넘길 사람은 없을 것이다. 바로 그 점에서 성의의 한계를 찾을 수 있다.

성의의 진정한 의미는 상대방이 곤경에 처해 있을 때, 가능한 상대방을 위해 힘이 되어주고자 노력하는 과정에

✱ 파워포인트
자기 비판을 더 하라. 당신의 가능성과 능력에 적합한
행동을 취할 수 있게 된다.

있다. 그렇다고 상대방에게 과중한 기대를 하는 것도 아니고, 당신의 일방적인 희생만을 요구하는 것도 아니다. 그러나 도피하게 되면 결국 모든 것을 잃는 결과를 가져올 수밖에 없다. 이것을 꿰뚫어볼 줄 아는 것이 바로 지혜이다.

인간 사회의 성의란 그 성의를 증명하기 위해선 좀 야비한 측면이 있기는 하지만 마음의 굳은 결의를 보이고 상대에게 당신이 할 수 있는 만큼의 최대한의 노력을 했다는 증거를 보여야만 인정받을 수 있는 측면이 있다. 상대방을 위한 나의 노력이 그에게 공감을 준다면 상대는 비로소 내가 그를 위하여 할 수 있는 만큼의 모든 행동을 했다는 안도감에 의해 일단 상대방의 노력을 인정하고 그리고 그것을 받아들이는 일종의 악폐가 지극히 당연한 것으로 받아들여진다.

성의를 다한다는 것은 사실은 일어난 문제에 대해서 그 문제의 성격과 내용을 정확하게 이해하고 그것에 필적하는 결과를 이끌어 내기 위해 노력하는 것까지를 의

미한다. 따라서 상대방을 위해 봉사하기 위해선 어느 정도의 노력이 필요하다. 다른 사람에게 성의를 강요하기보다는 그 전에 타협과 단념의 의미를 먼저 배워야 함은 당연한 일이 될 것이다.

"좋은 목자는 양의 털을 깎을지라도, 가죽을 벗기지는 않는다."는 티베리우스의 말은 성의의 한계를 드러내는 좋은 예가 된다. 교제술에서 성의란 그러한 한계에도 불구하고 항상 최선을 다한다는 노력이 요구되는 것임을 이해해야 한다.

여섯번째 찬스, 배려 06
술자리에서 물러나는 경우는 없어야 한다

 사귐에는 반드시 술이
따르는 법이다. 여기에 이의를 제기할 사람은 아무도 없다. 그런데 여기서 문제로 등장하는 것은 누가 계산을 하느냐는 점이다.

동료들끼리 모이면 늘 앞장서서 술집으로 이끌어가곤 하는 사람이 있다.

그러나 그는 한 번도 스스로 술값을 계산한 적이 없다. 그런데도 메뉴판을 손에 들고 염치없이 이것저것 주문을 하기 일쑤다. 주량도 다른 사람의 2배나 된다.

흥이 나면 2차를 가자고 부추기는 사람도 바로 그다. 그는 자신의 돈을 쓰는 일에는 너무 인색하고 세심한 면을 가지고 있는 위인이다. 사람들로 하여금 술이나 식사를 사게 하고는 자신은 계산해야 할 때 슬쩍 빠지는 일에도 능숙함을 느낀다.

그에게는 아예 처음부터 돈을 지불할 의사가 없다고 보아도 무관하다.

사람들은 그의 그런 행동이 모두 빈약한 경제력 때문

> ✱ 파워포인트
> 남이 잘할 수 있으니까 나도 똑같이 되지 않으면
> 안된다는 식으로 생각하면 안된다.
> 모든 것을 남과 똑같이 잘할 수 있는 인간은 존재하지 않기 때문이다.

이라고 늘상 너그러이 보아주었다.

그런데 어느날 수입에 관한 얘기가 나왔다. 놀랍게도 그의 연간 총수익은 상상도 할 수 없이 많은 액수였다.

결국 고정수입이 적기 때문일 것이라고 선의로 해석했던 사람들이 어리석었던 셈이다. 그에게 누구도 딱부러지게 "너도 한 번 사라."고 말하는 사람도 없었다. 그러나 분명한 것은 대부분의 사람들이 그를 약삭빠르고 계산이 능란한 사람으로 인정하고 있다는 점이다.

어느 전문잡지의 편집장은 놀기를 좋아하는 사람이었다. 한잔 하자는 제의가 있으면 절대로 빠지는 법이 없다. 그런데 동료들과 자주 어울리는 사이에 사람들 사이에서 그를 멤버에서 제외시키자는 말이 흘러나오게 되었다.

그는 한 번도 멤버들에게 식사나 술을 대접한 적이 없었다. 버젓한 직장이 있고 다른 사람 못지 않은 수입이 있는데도 언제나 계산을 할 때는 슬쩍 뒤로 빠지는 것이다.

이 편집장은 평소 남들로부터 얻어먹는 일에 익숙한 사람이었다. 잡지와 관련된 중진들로부터 접대를 받던

✻ 파워포인트
우선 열등감의 원인을 발견하라.
원인을 알게 되면 자신을 육성하기 위한
가장 중요한 전제 조건은 충족된 것이다.

습관이 친구들과의 자리에서도 그대로 남아 있었던 것이다. 그러나 그런 향응이 사업상의 정책에 불과한 순수한 의도로 차려진 자리가 아님을 그는 몰랐다. 동료들과의 화합은 업무와는 아무런 관계가 없는 자리이다.

 그는 공술은 당연한 것이라는 평소의 습관 때문에 큰 실수를 범한 것이다.

 금전 여유는 사람마다 제각기 다르다. 하고 싶어도 할 수 없는 경우가 발생하는 예도 있다. 그러나 거창하게 차려진 자리가 아니더라도 세 번에 한 번 정도는 대접에 가볍게 보답을 하는 것이 사귐을 지속시키고 늘리는 상식이 될 것이다. 얻어먹는 일에 익숙하여 당연한 일로 받아들여서는 넓고 오랜 사귐을 형성할 수 없음을 늘 명심해야 한다.

여섯번째 찬스, 배려 06
취미 생활로 대화에 활력을 넣는다

취미나 기호가 단지 개인의 프라이버시라고 생각하면 그것은 오해다. 또 사생활이 가지는 영향력을 결코 경시해서도 안된다.

다른 사람에게 폐를 끼치지 않는 범위내에서 취미를 갖는다면 사귐에 지장을 주지는 않을 것이다. 그러나 아무리 가벼운 취미라 해도 친구들에게 제약과 거리낌을 줄 수도 있음을 부정할 수는 없다.

예컨대 골프나 낚시를 좋아하는 사람은 이야기를 그쪽으로 끌어가고 싶어한다. 이야기하는 본인은 재미있을지 모르지만 듣는 사람의 취미나 입장도 생각해줘야 하지 않을까. 적당히 맞장구를 쳐주더라도 마음은 딴곳에 있어 빨리 공통의 화제로 돌아가고 싶은 생각이 들 수도 있기 때문이다.

그러면 취미를 화제로 꺼내서는 안되느냐고 질문을 한다면 그렇지는 않다. 실제로는 그 반대이다. 적당한 화젯거리를 찾기 힘든 첫 대면의 경우나 생각을 잘 알 수 없는 사람과의 대화에서는 이같은 취미 얘기로부터 서서

✱ 파워포인트
강한 자신을 갖고 인생에 대하여 낙천적인 태도를 가지도록 주의하라.

히 말문을 열어가는 것이 효과적이다. 첫 대면부터 업무에 관계된 얘기를 꺼낸다면 분위기는 쉽게 경직된다.

그러나 상대방이 자기와 같은 취미를 갖고 있음을 알았다고 해서 지나치게 들뜬 나머지 화제를 취미에만 국한시키는 것은 위험하다. 일반적으로 자기의 취미를 얘깃거리로 꺼냈을 때, 상대방이 잘 호응해준다고 해서 화제에 지나치게 끌려가는 것은 교제술로서 낙제이다. 무슨 일이든지 적당히 절도를 가져야 한다.

취미의 폭은 넓으면 넓을수록 이야기하기에 유리하다. 그러나 상대적으로 폭넓고 다재다예한 사람은 어느 분야에도 진지하지 못하다는 인상을 줄 수도 있다. 적어도 현대의 남성사회에서는 일이 우선이고 취미는 단지 스트레스를 푸는 오락에 지나지 않는다는 것임을 잊어서는 안된다.

취미가 실익에 연관되는 것은 사실이지만 그것도 한계가 있음을 늘 명심하기 바란다. 그저 '저 사람은 고상한 취미가 있다.'는 평을 들을 정도로만 해두고 너무 그 일

에만 심취하지 않는 것이 사귐의 핵심이다.

  원래 취미라고 하는 것은 그 범위가 넓다. 스포츠, 문학, 그림, 서예, 동식물 등 한이 없다. 예술에 무지하고 취미가 없다면 교제상 어려움이 많을 것이다. 그러나 너무 몰두하는 것은 당신에 대한 평가를 나쁘게 할 수도 있다. 물론 개인적인 취미 생활은 제쳐두고 실익과 연결된 정도의 취미나 기호를 만드는 것이 실리적인 방책임을 알아두자.

여섯번째 찬스, 배려 06
자신을 위한 투자로 인간관계를 넓힌다

 인간관계의 폭을 넓히고, 자신의 매력을 증진시키는 것은 새로운 친구를 만드는 기초가 된다.

사람은 항상 진보의 보폭을 넓혀 나가지 않으면 쉽게 퇴보해버린다. 그러기 위해서는 끊임없이 마음의 양식을 섭취해야만 할 것이다. 마음의 양식이란 곧 독서, 관찰, 그리고 여행이다. 그 중에서도 여행은 으뜸으로 꼽을 만하다.

그러나 비즈니스맨 생활을 하면서 여행을 하기란 결코 쉽지 않다. 그렇다고 아주 불가능한 것도 아니다. 독서나 관찰은 두뇌 내부의 자극이고, 여행은 신체에 베푸는 외부의 신선한 세례다. 예를 들어 고금의 식자들은 다른 사람보다 2배 이상의 여행을 하고 있는 것을 알 수 있다.

인간이 일생을 통해 접할 수 있는 세상은 놀라울 만큼 좁다. 가정과 직장이라는 좁은 생활 사이클 속에서 접할 수 있는 외부의 세계는 그렇게 넓은 것이 아니다.

당신과 관계가 없는 세계에서 역사와 전통을 지키며

✴ 파워포인트
약점을 단련시켜라. 중요한 것은 그렇게 하려는 용기를 분발시키는 일이다.
그렇게 하면 약간의 전진이라도 성과로 느끼게 된다.

살아가는 사람들이 있다는 사실을 발견하는 것만으로도 여행은 큰 의미가 있을 것이다. 특히 그것이 해외여행이라면 반드시 당신의 시야를 넓혀줄 것이다.

 현대는 흔히 정보화 사회라고 말한다. 제자리에 앉아서도 무엇이든 손에 넣을 수 있다. 그러나 범람하는 정보의 대부분은 액면 그대로 믿을 것이 못 된다.

 뉴스 제공자의 의도적인 행위에 의해서 어느 일부분만을 뽑아내 과장한 것이 대부분을 차지하기도 하므로 어떤 정보가 옳은지 그른지를 판단하기 위해서는 상당히 많은 정보를 모으고 구성해보지 않으면 안된다. 바로 이 점 때문에 정보화 시대이므로 오히려 정보를 파악할 수 없다는 역설이 발생하게 된다.

 그러므로 언제나 정보를 접할 때는 자신의 확고한 주관과 시각을 갖도록 하고, 그 속에서 정보의 시비를 따져보고 정리해보는 습관을 가져야 한다. 여행은 바로 이 점 때문에 필요하다. 단순히 보고 즐기기 위한 것이 아니라, 시대를 앞서가기 위해 필요한 요소이기 때문이다.

✽ 파워포인트
당신의 능력이나 재능을 더욱 키우려고 해라.
약점이 그렇게 심각한 것으로 생각되지 않도록 약점을 보충하라.

 그러나 유감스럽게도 해외여행을 하기가 그리 용이한 것만은 아니다. 첫째는 비용이 많이 들고, 둘째는 시간 여유가 필요하다는 애로가 있다. 유급휴가를 이용할 수도 있겠지만 현실적으로 그것도 대부분 반납하고 일을 하고 있는 것이 요즘 비즈니스맨들의 일반적인 모습이다.

 그러면 이 모순을 어떻게 해결할 것인가.

 입장이나 지위에 따라 다르겠지만 회사일과 병행해서 여행할 수 있는 시간을 만드는 것도 방법이 될 수 있다. 비용은 평소에 용돈을 어떻게 사용하느냐에 따라 다르므로 연출할 수 있는 길은 여러 가지이다.

 동료나 친구들과의 술자리에서 술 기운에 농담조로 센스가 없다든가, 사고방식이 낡았다든가 하는 식으로 나이든 상사나 동료를 비판하는 사람이 적지 않다. 그러나 그처럼 비겁한 말투는 없다. 도대체 무엇을 기준으로 해서 참신하다 낡았다고 규정짓는 것일까. 아마도 그렇게 말하는 사람도 그에 대한 확연한 기준이 없는 게 보통이다.

 토론의 결론이 일치점을 찾기 어렵거나 분위기가 침체

✶ 파워포인트
당신의 스트레스 원인을 분석하여 반복해서 당신을 괴롭히고 있는 것이
뭔가 발견하고 어떻게 하면 방지할 수 있는지를 생각하라.

됐을 경우, 이미 통과된 내용이나 결과가 자신의 의견과 맞지 않는다고 해서 반감을 느끼고 일방적으로 고리타분하다고 규정을 내린다면 인간적으로 공감을 사기란 어려울 것이다. 특히 중·장년의 발상에 대해서 이해해보려고도 않고 무조건 고리타분하다고 반발하는 것은 무책임한 행동일 뿐, 결코 진보적인 태도라고 볼 수 없다.

마찬가지로 젊다든가, 새롭다는 것이 반드시 탁월한 것이 아니라는 것도 인정한다.

자신의 무지나 사고의 편협함은 생각지 않고 연장자의 단순·소박함을 고리타분하다고 규정지어버리는 것은, 마음이 빈곤하거나 정의롭지 않은 태도에서 기인하고 있음을 자각해야 한다.

사귐을 넓히기 위해서는 폭넓은 층과의 관계를 개척하지 않으면 안된다. 그런데도 선배들의 의견을 무의미하고 고리타분하다고 규정하고 그들로부터 멀어진다면 엄청난 손실이 될 것이다. 결코 사람을 포용하고 스스로를 고양시키기를 바라는 사람의 행동은 아니다.

여섯번째 찬스, 배려 06
써야 할 때는 과감하게 투자한다

　　　　　　　　　　모든 것이 돈에 의해서 야기되고 돈에 의해서 해결된다. 물론 돈으로 좌우당하지 않는 부분이 존재하는 것은 인간이 표면적으로나마 문명의 혜택을 입고 있기 때문일 것이다.

예술은 인간의 복잡한 심리적 변화 위에서 시작하고 발전하지만 그 밑바탕에는 엄연히 생활을 유지하기 위해 필요한 돈이 존재하고 있다. 그리고 인간의 생활은 돈에 의해 복잡하게 다양화되어 가고 있다. 그 중에서 단지 기본적인 생활만 할 수 있으면 된다고 하는 풍조에 비판적인 사람들이 호화주의를 주장했다. 욕망을 최대한으로 응집시키고 거기에 소비를 집중하고자 하는 생활방식이다.

교제술에서는 이처럼 과감하게 돈을 쓰는 것이 때로는 필요하다. 주머니에 넣은 돈이 구겨지고 닳아 없어질 때까지 쓰지 않겠다는 정신 자세로는 친구를 만들 수 없다.

어느 상사에 근무하는 Y씨의 경우, 계장이 되자 금전

적인 지출을 규모있게 조절하는 방법을 시도했다. 월급쟁이가 다 그렇듯이 월급날 1주일 전에는 주머니가 텅텅 비게 마련이다. Y씨는 그때 부하나 동료들을 데리고 나간다. 모두가 돈이 궁해 있는데 Y씨는 동료들을 위해 돈을 쓴다.

사람들은 공돈이 생기거나, 아니면 부업이 있다고 억측하기도 했다. 그러나 Y씨의 신변은 깨끗하기 그지 없었다. 돈이 없는 부하들에게는 아무 소리 않고 빌려주기도 했다. 그렇다고 공치사하는 법도 없었다. Y씨의 덕망이 높이 평가된 것은 말할 것도 없다.

그러나 그의 비결이란, 알고 보면 아무것도 아니었다. 용돈의 배분을 잘한 것일 뿐이다. 즉 아낄 때는 한없이 아끼더라도 써야 할 때는 미련없이 던졌던 것이다.

사람과 교제를 하기 위해서는 돈이 필요하다. 그것도 푼돈이 아닌 서로의 기분을 맞출 수 있을 만한 돈이어야 한다. 보너스를 받을 때는 선물을 준비하는 시기라고 생각해야 한다. Y씨는 명절이나 연말에는 다른 사람보다

✽ 파워포인트
만약 스트레스 원인, 바로 그것을 방지할 방법이 없을 경우 당신의 태도를 바꿀 것을 시인해 보라.

몇 배의 투자를 한다. 다른 사람과 비슷해서는 두드러져 보이지 않는다고 생각했기 때문이다.

  틀림없는 확신이 생겼을 때에는 신용카드를 사용해서라도 큰돈을 쓰는 것이 당신을 두드러져 보이게 하는 비책이다.

여섯번째 찬스, 배려 06
다른 업종의 사람들과 폭넓게 사귄다

자발적인 인사에 의해

자신과 관계가 없는 다른 업종에 종사하는 사람들과도 접촉을 가져야 한다. 자신의 직업만으로는 폭넓은 교우관계를 형성할 수 없다. 자신의 전문 분야는 누구나 잘 알고 있다. 그러나 이 복잡한 사회에서는 그러한 특정 분야만의 지식으로서는 완전한 비즈니스를 이루기란 어렵다.

다른 업종에 종사하는 사람들의 사고 방식과 행동을 알아야만 인간적 성장이나 관계가 가능한 세상이다. 편협한 인간은 교제술을 배울 수가 없다. 자신의 직업은 물론이고 완전히 이질적인 업무 속에서도 다른 다양한 생활이 있음을 인지함으로써 사고의 폭을 넓힐 수 있다.

다른 업종의 사람들과 갑자기 교제 관계를 만들어야 할 입장이 되었을 때 가장 손쉬운 방법은 학교 친구들을 활용하는 일이다. 주변에서 쉽게 발견할 수 있는 모임으로는 반창회나 동창회가 있다. 지방 출신의 대도시 거주자는 이런 점에서 약간 불리할지도 모르겠다.

그리고 자신의 거주지 부근의 사람들과도 사귀기 위해서

✽ 파워포인트
다른 사람의 의견에 좌우되지 말라.
당신의 신념에 반하는 행동을 결코 하지 말라.
마음이 자유로워지고 자신을 갖게 된다.

는 거주지에서 주최하는 행사나 모임, 혹은 자녀 학부모 회의 임원 등을 맡는 것도 한 가지 방법이다. 영업 사원이나 여행대리점 등을 운영하는 사람은 고객 속으로 깊이 파고들어감으로써 고객을 친구의 범주로 끌어들일 수 있다. 이것은 그리 어려운 일이 아니다. 사무직에 종사하는 사람이 자기 회사 이외의 사람과 접촉을 가지는 것은 쉬운 일이 아니다. 이런 사람들은 아내의 협력을 구해야 한다. 아내가 활동적이거나, 사교에 능숙하지 않을 경우도 있을 것이다. 그럴 때는 취미나 스포츠를 통해서 사귐을 가져보는 것도 고려해 봄직하다. 골프 · 여행 · 테니스 · 스키클럽 등의 회원이 되는 방법도 있다. 어쨌든 뭔가 특별한 취미를 갖는다는 것은 적극적인 사람이 되기 위해서는 아주 필요한 행동이다. 취미를 통해 형성된 교우관계의 장점은 연령 · 직업 · 지위를 완전히 초월해 버린다는 데 있다. 그리고 업무 관계로 형성하는 사귐보다도 취미에 의한 인간관계가 의외로 강한 결속력을 갖는데, 이것은 업무시간 밖에서의 해방된 기분과 분위기에 의해 격의없이 만날 수 있기 때문이다.

여섯번째 찬스, 배려 06
침묵도 뛰어난 교제술이 될 수 있다

 **아는 체한다거나** 자신의 예리한 감각과 지식을 과시하고 싶은 것은 인간 누구나의 마음이다. 그러나 이런 행동 속에서 즐거움이나 우쭐함을 느끼는 사람만큼 하찮은 인간도 없다. 알고 있으면서도 모르는 체해도 그 사람의 인간성은 여지없이 드러나게 된다.

사람은 상대방이 아무것도 모른다는 생각이 들면 위압적인 태도로 자신의 지혜나 의견을 말하고, 상대방에게 은근히 가르쳐주고 싶어하는 법이다. 만약 당신이 그 사실을 숙지하고 있다면 대화를 나누고 있는 상대방이 단순히 아는 체를 하고 있는 것인지, 아닌지를 단번에 구분할 수 있다.

입에 발린 말을 잘 하는 사람, 지껄이기를 좋아하는 사람에 대한 여러 훈계가 동서양을 막론하고 많이 있는 것은 주목할 만한 일이다. 공자는 '교언영색은 신성함의 적이다.' 하고 지적한 바 있다. 유럽에서도 말 많음을 경멸하는 풍조가 예부터 있었다. 세계 어디에서나 서로 싸

✱ 파워포인트
일에 불만이 있는데 그것이 해소될 전망이 없을 경우에는
취미를 통해 재능을 닦아라.

우고, 권모술수를 행하고, 간사한 정치가나 외교가로부터 농락을 당했던 쓴 경험에 의해서 이런 말이 나오게 된 것이다.

오늘날에도 영화를 보면 변명을 하거나 정중하게 설명을 하면 오해가 해소될 일인데도 일부러 상대방이 스스로 이해할 때까지 침묵하는 모습을 볼 수 있다. 줏대없이 말참견하는 것보다 말없이 침묵을 지키는 편이 낫다는 풍조가 사람들의 일반적인 경향이 아닌가 판단하게 하는 대목이다. 그런데 요즘 사람들은 오히려 변명이나 책임을 상대방에게 전가하는 것을 당연한 것처럼 인식하고 있다. 그 뿐만이 아니다. 별일도 아닌 것을 일일이 다짐받거나 좋은 결과가 나오면 어떻게든 자신의 실적이라고 주장하고 공치사를 서슴지 않는다.

이런 경우에 모르는 체하고 넘어가는 것도 그 사람을 크게 보이게 하는 요건이 된다. 또 사실을 알고 있으면서도 함부로 그것을 과시하지 않고 상대방에게 즐거움을 안겨주는 것도 중요한 교제술이다.

여섯번째 찬스, 배려 06
믿을 수 있는 사람을 알아보는 방법

　　　　　　소위 팔방미인이라 불리는 사람이 있다. 입담 좋고, 비위나 분위기를 잘 맞추고, 남의 안색을 읽는 것이 뛰어나며, 사람들의 기분에 맞는 말을 잘 한다. 그러나 그들은 자신의 뚜렷한 주관을 가지고 있지 못하며 상대방의 의중을 파악한 뒤, 은근히 그에 편승하는 사람들이기도 하다.

언뜻 보면, 성의가 있어 보이는 행동이지만 그것은 다른 사람으로부터 지탄의 대상이 되기를 원하지 않기 때문에 하는 행동이지만 진심에서 우러나오는 행동은 아니다. 겉보기에 처세를 잘 하고, 또 남의 비위를 잘 맞추기 때문에 마음이 편하다는 느낌이 들어 급속히 친구관계가 형성될 뿐이다.

그러나 오래 사귀어보면 결국은 믿을 수 없는 사람임을 알게 된다. 겉으로는 걱정해주는 척하지만 속마음은 전혀 다른 생각을 하고 있으며 무엇이든 부탁하면 받아주기는 하지만 한 번도 고충을 해결해준 사례는 없다. 다른 사람이 싫어하는 것을 말하지는 않지만 특별히 다

른 사람에게 도움이 되는 말을 하지 않는다. 요컨대 남의 편인지 내 편인지 분간이 가지 않는 타입이다.

　사람은 천차만별이므로 모든 사람의 구미에 딱 들어맞는 사람이란 있을 수 없다.

여섯번째 찬스, 배려 06
상대에게 뒷모습을 보이지 않는다

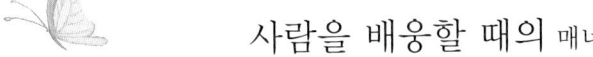　　　　　사람을 배웅할 때의 매너
는 장소가 어디가 되든 언제나 한결 같은 태도를 보여야
한다. 버스정류소에서도 플랫폼에서도 상대방이 탄 차
가 보이지 않을 때까지 그 자리에 서서 진실된 마음으로
전송한다.

그런 태도는 언젠가는 당신에게 되돌아오게 되고 상대
방은 당신에게 큰 호감을 갖게 될 것이 틀림없다. 설사
그렇게 되지 않는다 하더라도 적어도 자신이 해야 할 일
을 완전히 마쳤다는 만족감은 남을 것이다. 상대방이 아
직 보고 있을지도 모른다고 생각하면서도 "뭐 괜찮겠지,
이 정도면 충분하겠지." 하고 돌아서 버린다면 때로 상
대가 서운해 할 수도 있다.

여섯번째 찬스, 배려 06
아침인사는 밝고 활기차게 한다

 **아침에 출근하면** 누구보다도 먼저 명랑하게 "안녕하십니까?" 하고 인사를 하라.

당신이 주위 사람들과 나누는 아침인사는 하루를 시작하기 위한 준비 운동인 셈이다. 이렇게 시작된 친밀한 상호 관계는 하루를 더욱 부드럽고 더욱 스마트하고 또한 더욱 신선하게 만든다. 때문에 인사는 명랑하고 상쾌하게 나누는 것이 서로를 위해서 필요하다 할 수 있다.

아침인사에 대한 방법을 개선하기 바란다. 그것이 당신을 대인관계에서 승리하는 첫걸음으로 작용할 것이다.

어제는 어제이고 오늘은 오늘이다. 새날을 여는 오늘의 인사는 새롭고 상쾌해야 한다. 기분좋은 아침인사는 상대방의 기분도 좋아지게 할 뿐 아니라 인사를 받는 당사자도 그날의 일을 즐거운 마음으로 시작하는 여유를 준비할 수 있을 것이다.

여섯번째 찬스, 배려 06
명함으로 첫인사를 시작한다

　　　　　　　　　　처음 대면할 경우에는
명함을 주고받는 것이 관례로 되어 있다. 이때 명함을 어떻게 주고받는가에 따라 그 사람에 대한 첫인상이 규정될 수 있으므로 세심한 주의가 필요하다.

　명함은 언제나 즉시 꺼낼 수 있어야 한다. 상대방이 명함을 내고 있는데 당신은 주머니를 뒤적이며 명함을 찾고 있어서야 되겠는가. 성격이 급한 사람은 자기 자리에서 명함을 한 장 들고와 인사를 한 뒤 곧바로 나가버리는 경우도 있다. 이때는 당신도 그 사람과 보조를 맞추어 바로 명함을 꺼내야만 한다. 성격이 급한 사람에게는 그에 상응하는 기민성을 발휘함으로써 호흡을 맞출 수 있을 것이다. 명함을 받을 때는 두 손으로 정중하게 받고, 줄 때도 두 손으로 정중하게 주도록 한다.

여섯번째 찬스, 배려 06
시계를 보는 행동은 가급적 피한다

대화를 하면서 시계를 보는 것은 좋지 못한 습관이다. 대화에 열중하지 않고 다른 것에 정신을 빼앗기고 있는 것처럼 보이기 때문이다. 시계를 보는 동작은 말하자면 이야기의 끝냄을 재촉하는 동작이다. 까다로운 사람이라면 불쾌감을 느낄 것이다.

이야기를 하면서 이런 동작을 보이는 것은 실례다. 하물며 상대방이 계속해서 이야기를 하려고 한다거나 다음 화제를 꺼내기 위하여 생각하고 있을 때 시계를 들여다보는 것은 사소하긴 하지만 신경써야 할 일이다. 이것은 단지 손목시계의 경우만 한정된 얘기는 아니다. 그 방에 놓여 있는 탁상시계나 벽시계를 힐끔 쳐다보는 것도 마찬가지이다.

여섯번째 찬스, 배려 06
상대를 위하여 바보가 되어라

대화를 나눌 때의 주의 사항으로 '스스로 바보가 되라'는 말이 있다. 이것은 자신의 지식을 자랑삼아 내세우지 말고 상대방이 말하는 가운데를 가로채거나 거스르지 말라는 의미이다. 그러나 이것을 실천하기란 사실 지극히 어려운 일이고 또한 완벽한 연기력을 필요로 한다.

결론부터 말하면 사람은 결코 완전한 바보가 될 수는 없으므로 노력이 필요하더라도 무리하게 하지 않는 것이 좋다.

상대방의 기분을 보호하고 자존심에 상처를 입히지 않기 위해서 일부러 바보가 되는 것이 오히려 낫다. 그러나 무리하게 바보가 되려다가 톱니바퀴가 빗나가 오히려 엉망이 되는 경우도 있다.

여섯번째 찬스, 배려 06
내 시간이 소중한 만큼 남의 시간도 아껴라

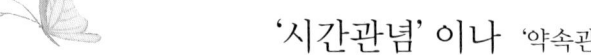

'**시간관념**'이나 '약속관념'이 없는 사람은 언제 어디에서나 별로 환영받지 못한다. 바쁜 것은 서로가 마찬가지이고 또 바쁘다면 무리하게 약속을 하지 말았어야 옳다. 그리고 피치 못할 사정으로 시간에 대지 못할 상황이라면 사전에 연락을 취해서 상대방에게 피해를 주지 말아야 한다.

비즈니스 전선에서 근본이 되는 것은 '시간'이다. 다른 사람의 시간을 마음에서 우러나오는 심정으로 소중히 생각해주는 것이 비즈니스맨의 가장 근본적인 에티켓임을 잊어서는 안된다.

여섯번째 찬스, 배려 06
말이 앞서면 십리를 못 간다

친구들과 사귈 때, 까다로운 이론만 장황하게 늘어놓는 사람이 있다. 달변인 것은 좋지만 무슨 말을 하든 어려운 한문이나 단어를 동원하고 때로는 외국어까지 섞어 쓰면 사람들은 금방 싫증을 내버린다.

 이러한 대화 속엔 진실이나 신뢰보다는 헛된 허영으로, 대개가 솔직하지가 않다. 단순한 것도 한 번 꼬고 두 번 꼬며 어려운 말을 사용해야만 말할 맛이 나는 모양이다. 쓸데없이 모든 일에 이론만 적용하는 사람들은 자기 현시욕으로 뭉친 허영심을 자랑하기 위해서라고밖에는 달리 설명할 길이 없다.

 친구와 대화를 할 때나 사업상의 교제를 할 때는 언제나 쉬운 말과 부드러운 말로 대화를 풀어 나가라. 그런 말은 말하는 사람의 머리 속에서 충분히 정리되고 이해되었기 때문에 그윽한 향기를 발하고 그 향기는 상대방의 미소를 유도할 것이다.

여섯번째 찬스, 배려 06
아첨과 칭찬을 구분한다

　　　　　　　　　　입만 열면 빈말을 해서 마치 남에게 아첨하기 위해 사는 것 같은 천박한 인상을 주는 것은 마이너스 요인이 되지만, 바로 이때다 싶을 때 박력있게 치고 드는 겉치레말이나 아첨은 사귐에 커다란 플러스 요인으로 작용한다. 그렇다고 아첨을 아무 때나 무턱대고 사용해서는 안된다. 급소가 되는 부분, 즉 핵심 사항을 찔러야 하기 때문이다. 그러면 급소란 어느 부분에 해당되는 것일까. 그것은 상대방의 약점, 즉 상대방은 당연하게 여기고 있지만 그래도 인정하고 싶지 않은 자만을 일컫는다. 자만은 간단히 간파할 수 있다. 자신의 입으로 직접 내뱉는 말로 알 수 있기 때문이다.

　자만은 대부분 반복되는 것이 특징이다. 그리고 그 반복의 정도에 의해서 그것이 자만인가, 아니면 단순한 우쭐함인가의 구분도 가능해진다. 이때는 다소 과장된 아첨이라도 잘 통하기 마련이다. 또 하나는 인간적 약점, 즉 가족, 특히 아이들에 대한 겉치레 말이다. 아이를 사랑하는 것은 어느 민족, 어떤 부모에게나 공통된 사항이

✱ 파워포인트
지금까지 당신을 괴롭혀 오던 것은 그렇게 중대한 것이 아니라고 생각하라.

다. 자신의 아이를 칭찬하는 말을 듣고 기분 나빠하는 사람은 이 세상에 한 사람도 없을 것이다.

위의 사항을 준비하고 만족할 결과를 얻기 위해선 가정을 방문했을 때나 평상시 나누는 말 속에서 충분한 자료를 모아둘 필요가 있다. 그때 그때 아이들의 이름, 다니는 학교, 취미 등을 메모해두는 것도 방법이다. 이렇게 준비한 정보를 배경으로 조금씩 접근해가는 아첨은 생각보다 강렬한 효과를 발휘한다. 말을 할 때는 해야 할 말과 하지 말아야 할 말에 항상 유념해야 한다. 서로간에 이루어지는 대화와 그 내용에 따라서 그 사람의 인격이 드러나기 때문이다. 친해지면 자기도 모르게 방심을 하게 되고 가볍게 말을 떠벌리는 것이 인간의 속성이다. 사람은 언제나 똑같은 상황에 처해 있는 것은 아니다. 기분이 언짢을 때, 몸에 이상이 있을 때, 괴로움이나 고민이 있을 때 등 그때그때마다 마음의 상태는 다르다. 그런데도 아무렇지도 않게 언제나 자기의 기분이 내키는 대로 상대방을 염두에 두지 않고 이야기를 하는 것은 부주의한 일이다.

여섯번째 찬스, 배려 06
다정한 말 한마디가 천냥 빚을 갚는다

젊은 세대는 서로간의
친밀감을 드러내기 위해서 경어없는 일상어를 사용하며 친숙하게 이야기를 한다. 그러나 이것은 친구 사이에서나 가능한 일이지 조직이나 동료 사이에서는 서로간에 지켜야 할 예의를 위해서 되도록 삼가하기 바란다. 격의 없이 지내는 사이라 하더라도 친밀한 관계가 모든 경우를 덮어줄 수 있는 것은 아니다. 비록 당신의 생각이 거기까지 미치지 않더라도 마주하며 주고받는 대화나 전화통화 내용으로도 충분히 당신의 무례함을 느끼고 있을지 모른다.

경어는 상대방을 대우하는 표현이다. 그 말은 다시 말하면 그 말 속에 경의를 나타내는 뜻이 포함되어 있어야 한다. 허물없는 예사말이 쓰여지는 한도나 정도의 선을 구분하지 못한다면 마침내는 선배나 상사, 거래처 사람에게도 아무 거리낌없이 말을 하고 있는 자신을 발견하게 될 것이다. 젊은 남녀사원이 상사나 선배를 보고 자연스럽게 내뱉는 말 중에는 '그래요, 말한 것 같은데 과장님 듣지 못했어요?' 등처럼 버릇없이 이야기하는 경우가 있는데 물론 위의 표현은 과장되기는 했지만 주의가 요구된다. 젊은 사원이 친밀감을 나타내기 위해 사용하는 자연스러운 표현이라고들 하지만 친밀감과 무례함을 엄격히 구분해야 하는 것은 일부러 언급하지 않더라도 잘 알 것이다. 비록 자신을 찾는 전화는 아니더라도 전화를 받는 예의를 통해 당신 뿐만 아니라 회사 전체의 이미지가 좌우될 수 있음을 명심해 주기 바란다.

회사는 고객으로 인해 이익을 추구하는 영리 집단이다. 상대의 신뢰를 획득하려면 예절바르고 깍듯한 태도와 말씨가 중요하다. 비즈니스 사회는 평상복이나 외출복 차림과 같은 자연스럽고 여유있는 행동이나 담소가 어우러지는 집단이기보다는 격식이나 체계가 절도있게 절충하는 집단이다.

특히 새로 들어온 신입사원들이 다른 무엇보다 빨리 숙지해야 하는 것은 예의바른 말씨와 태도를 습득하는 일이다.

✱ 파워포인트
그날의 스트레스는 그날 안에 따뜻한 위로와 대화나 의논으로 상쇄하라.

무심코 넘어갈 수 있는 일상 용어 가운데 '오겠어요'는 '오겠습니다', '미안해요'는 '죄송합니다'와 같이 정확히 쓰기 바란다. '잠깐, 좀'도 일상적으로 쓰는 빈도는 많지만 역시 '약간, 잠시'라고 하는 편이 예의바르다. '묻고 있습니다'도 '여쭙고 있습니다'로 사용해야 한다.

이것과 마찬가지로 똑같은 말인데도 사용하는 장소와 상황에 따라 그 의미가 다르게 쓰이는 말이 있다. 감사의 말이나 인사의 말이 대표적인 예이다. 부탁할 때는 '미안합니다'라는 말이 자주 쓰인다. '여기에 두었습니다'라는 말에 '아, 미안합니다(감사의 말)' 길을 묻는 경우에도 '미안합니다. 좀 묻겠습니다' 등과 같은 말이 그 것이다. 각각의 상황에 맞게 의도를 정확히 전달하기 위해서는 적절한 말씨와 어투를 배워야 하고 익숙해져야 한다. 그러므로 '미안합니다'라는 한 마디도 감사의 말인지 부르는 말인지 재빨리 머리를 움직여 상황에 맞게 선택하기 바란다.

말을 중간에서 끊지 말아야 한다. 자기 주장이 뚜렷하

✽ 파워포인트
어려운 일을 부탁받으면 기꺼이 받아들여 해보라.
망설이거나 자신의 능력에 너무 자신을 가지지 못하게 되면,
더 쉬운 일에도 실력을 발휘할 수 없게 된다.

고 개성이 강한 사람들이 모여 회사를 운영해 간다 하더라도 개인의 인격을 존중하고 보장한다는 목적으로 함부로 다른 사람의 말을 가로채서는 안된다. 자율과 방종을 구분하라는 말이 있는 것처럼 상대방의 인격과 능력을 인정하며 긍정하는 안에서 회사를 위한 발전이 가능할 것이다. 말을 하는 도중에 내용이 마음에 들지 않는다면 말의 허리를 잘라낸다며 상황은 서먹서먹해지고 어느 누구도 당신과 대화를 하려 하지 않을 것이다. 이런 행동들은 무의식적으로 나타나는 경우가 대부분이므로 매사에 조심하는 태도가 요구된다. 중간에서 말을 생략하거나 입 안에서 중얼거리지 말고 끝까지 전달하기 바란다. 또 하나 중요한 것은 상황에 해당되는 수많은 말들 중에서 어떤 말을 고를 것이냐이다. 연장자나 신분이 높은 사람, 이해관계에서 우위에 있는 사람, 또는 동년배나 같은 신분에 있는 사람, 혹은 아무런 이해관계가 없는 사람일지라도 처음 만나 대면했을 때 사용한 경어나 존칭어는 아무리 친해져도 바꾸어서는 안된다. 그리고 난폭

✻ 파워포인트
지금보다도 더 좋은 정신의 밸런스 달성에 노력하라.
예컨대 여가시간을 스포츠나 취미를 위해 사용해보라.

한 언어, 천박한 언어, 감정에 치우친 언어는 절대로 사용하지 말아야 한다. 상대방으로 하여금 형편없는 사람이라는 생각을 갖게 한다면 오랜 사귐을 가질 수가 없다.

 다른 사람의 흉을 보는 것만큼 귀가 즐거운 것도 없을 것이다. 그 풍부하고 재미난 얘깃거리 덕분에 사람들은 오늘도 즐겁게 살아가고 있는지도 모른다. 사람이 모이면 반드시 사람에 대한 소문이 떠돌기 마련이다. 30%의 칭찬이 있으면 나머지 70%는 흉이라고 보아도 무방하다. 적당히 남의 말을 할 줄 알고 적당히 그에 맞장구를 치며 편승하는 사람은 오히려 인간적이라 할 수 있다.

 문제는 어떻게 흉을 볼 것이냐 하는 것이다. 낮말은 새가 듣고 남말은 쥐가 듣는 것이 비즈니스 사회이기 때문에 언제 어느 때 뱉은 비난이 역으로 자기에게 돌아올지 알 수 없다. 추상적으로 표현하면 정이 있는 흉, 소극적인 흉을 보아야 한다. 그리고 70%는 욕을 하더라도 그것을 뒤집을 수 있는 30%의 칭찬을 덧붙여야 한다는 것을 잊지 말자.

여섯번째 찬스, 배려 06
지나친 자기자랑은 삼가하라

사람은 부추겨주면 자기도 모르게 자기 자신을 잃어버리는 경향이 있다. 상대방의 부추켜 세움에 흥이 나서 기분좋게 웃으며 아기처럼 좋아하는 것은 당연한 일일지도 모른다. 하지만 이런 모든 것을 인간적이라 생각한다면 굳이 나쁘다고 말할 수는 없을 것이다. 그러나 그 부추김에 취해 자기 자랑을 일삼아서는 당연히 세상의 빈축을 사는 법이다. 친구란 서로를 인정함으로써 비로소 형성되는 것이지만 자기와 아무 이해관계가 없는데도 상대방의 자아 도취를 참고 들어야 하는 것만큼 참을 수 없는 고역은 없다.

자랑을 하려면 눈치채지 않게 하든가 아니면 "내 자랑을 하려는 것은 아닙니다만." 하고 전제를 한 뒤에 이야기를 시작해야 한다. 진정한 자랑거리는 그냥 놓아두어도 언젠가는 친구들의 시선이 머무르는 법이다. 스스로 나서서 자랑하지 않는 것이야말로 자랑을 자랑으로 느껴지지 않게 이야기하는 가장 지혜로운 교제술이다.

여섯번째 찬스, 배려 06
이름을 기억해주는 것만큼 기분 좋은 일은 없다

 **사람은 누구나** 자존심을 가지고 있다. 자기 현시욕도 있다. 자신의 이름을 기억하고 불러주는 것이 자신의 존재를 인식하고 있다는 증거라고 생각하는 것도 당연하다.

한마디 한마디에 이름이나 직책을 붙여주는 것은 사귐을 돈독하게 하는 중요한 예절이다. 서양 사람들은 이것이 습관화되어 있어 대인관계에 철저히 이용한다. 예컨대 어제까지 연구생이었던 사람이 대학의 교수가 되었다고 하자. 다음날 상점으로 쇼핑을 간다. 만일 상점 주인이 어제와 마찬가지로, "미스터 ○○씨, 감사합니다." 한다면, "아닙니다. 이젠 교수입니다, 아저씨." 하고 정정해준다.

어린애 장난 같다고 일소에 부칠지 모르지만 그들에게는 오히려 이 점이 대인관계의 철칙인 것이다. 상대방을 지칭할 때 직함만 부르는 경향이 있는데, 이름도 함께 부르는 습관을 기르도록 한다. 이름을 잊어버리는 것은 미숙한 교제술의 대표격이라 할 수 있다.

여섯번째 찬스, 배려 06
유머는 생활을 활기차게 만든다

 학교 가기를 싫어한 것
으로 유명한 세계적 석학 아인슈타인은 이렇게 말했다고 한다.

"나에게 있어 최고로 훌륭한 학교는 조크였다. 사람은 세상이 믿고 있는 규칙만을 곧이 곧대로 받아들여서는 안된다. 규칙에 얽매여 있다면 그것을 뒤집을 수 있는 새로움을 창출할 수 없기 때문이다."

인생이란 꼭 판에 박은 듯이 살아가기보다 다소 일탈할 수 있는 여유를 가지고 살아가는 것이 좋다.

조크는 인생에서 청량제와 같고 새로움을 창출하는 에너지원이기도 하다. 그런데 요즘 젊은이들의 얼굴은 긴장되어 있고 대화에도 부드러움을 찾아볼 수가 없다. 얼마든지 웃으며 해결할 수 있는 일도 곧잘 대립으로 발전하곤 한다. 평상시 우리의 생활이 너무나 긴장되어 있다는 증거다.

조크는 유머와는 다르다. 유머가 단순히 상대방으로 하여금 웃음을 자아내게 하는 우스갯소리라면 조크는 낱

✱ 파워포인트
스트레스의 원인을 사전에 예상하여 마음의 준비를 하고 그것에 대비하라.

카로운 풍자나 비아냥이 배어 있는 짤막한 비평이다. 그리고 조크에는 엄격한 사회 배경이 존재한다.

봉건주의 시대나 독재자에게 억압되고 지배당한 지역에서는 이미 조크가 생겨날 수 있는 토양이 배양되어 있었다. 그래서 뿌리깊게 박혀 있는 억압에서 해방되려는 희구가 자연스럽게 해학으로 발전할 수 있었던 것이다. 그러므로 조크에는 문명비판의 함축적 의미가 포함되어 있다. 유머나 위트에는 철학이 필요없지만 조크에서 철학을 빼놓을 수 없는 것도 바로 그 때문이다. 그렇다고 조크를 곧바로 민의에 대변시키는 것은 성급하다.

조크를 생활화한다는 것은 어려운 일이다. 사람을 처음 만나 서로 어색할 때, 대화 속에 섞인 촌철 살인의 조크는 곧잘 위대한 힘을 발휘한다. 딱딱해지기 쉽고 실리적이기 쉬운 상담에서의 위트는 대화와 더 나아가 상담의 능률을 배가시켜줄 것이다.

조크를 하는 요령은 그다지 어려운 문제가 아니다. 아인슈타인이 지적한 것처럼 규정된 룰에 얽매이지 않고

대화에 임하면 된다.

  예를 들면 세계정세, 해외사정, 외국풍속 등은 지금 당장 나눌 수 있는 주제이다. 이러한 주제들을 너무나 진실되고 진지하게만 관찰할 것이 아니라 때로는 가볍게 지나갈 수 있는 우스갯소리로 풀어 나간다면 어렵지 않게 당신은 조크를 잘 하는, 분위기를 밝게 이끌어나가는 사람으로 인정받을 것이다.

일곱번째 찬스 **07.**
"처세"

끝까지 믿을 수 있는
사람이 내 곁에 있을때 기회는 찾아 온다

일곱번째 찬스, 처세 07
오른팔 부하는 평소에 양성해두어야 한다

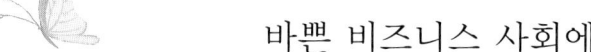
바쁜 비즈니스 사회에서 자신만의 시간을 갖는다는 것은 매우 어려운 일이다. 이 문제를 해결하기 위한 방법으로 당신의 오른팔이 될 수 있는 부하를 육성할 것을 권하고 싶다. 이것은 기업의 경영자나 간부에게는 소홀히 넘겨서는 안 될 중요한 문제이다. 각종 모임이나 기타 문화 단체의 책임자도 마찬가지다. 일을 맡길 수 있는 부하를 양성하는 일이 왜 그렇게 중요한가. 첫째, 그는 당신의 양어깨를 덮쳐 누르는 중책을 가볍게 해줄 것이고 당신은 회사의 장래를 어떻게 가꾸어야 하는가라는 중요한 일에만 전념할 수 있기 때문이다. 둘째로 당신에게 예고하지 않은 사고가 일어나거나 병에 걸려 장기 휴가를 얻고 싶을 때도 안심하고 회사를 휴직할 수 있다.

작은 기업에서는 경영자가 쓰러졌을 때 유족 가운데 경영을 맡길 사람이 없는 경우가 있다. 유능한 인재를 양성해두는 것은 다시 말하면 후계자의 확보이기도 하다.

일곱번째 찬스, 처세 07
과연 어떤 사람을 선택해야 하는가

　　　　　　　　　　오른팔을 기르는 첫걸음은 우선 양성하겠다고 결심하는 일부터 시작한다. 책임 있는 일을 맡기게 되면 여러 가지로 갈피를 잡지 못하는 일이 있을 수도 있다.

　다음은 사람 고르는 문제로 가장 선택하기 어려운 문제라고 할 수 있다. 가족 안에 적당한 인물이 있다면 별로 문제될 것은 없다. 그러나 회사내에서 발탁되거나 사외에서 영입하는 경우는 도대체 어떻게 해야 인물을 알아볼 수 있는지 두통거리다.

　사내에서 발탁할 경우에는 일정 기간 그 인물의 직무 활동 상황을 살펴볼 필요가 있다. 일단 발탁하기 전에 관리직을 맡겨 보는 것이 유리하다. 외부에서 데려오는 경우 면접에 충분한 시간을 들일 필요가 있다. 신상 조사는 물론 그 인물이 이전에 근무하던 회사에서의 평판을 들어보는 것도 필요하다.

　물론 오른팔이 될 인물은 당신보다 능력이 떨어지면 안되지만 당신의 부족한 면을 보완할 수 있는 사람이어

야 한다. 만약 두 사람이 다이내믹하고 판이하게 다른 적극적인 개성을 가지고 있다면 금새 격돌하며 몹시 싸우게 된다. 일반적으로 당신의 오른팔로 만들 인물로는 당신의 자신있는 면을 갖춘 뛰어난 사람이 아니라 당신의 약점을 보충해주는 사람이다.

일곱번째 찬스, 처세 07
당신이 믿는 부하는 이런 사람이어야 한다

　　　　　　　　　　당장 당신의 오른팔이
되어 일할 수 있는 알맞는 인물이 있다면 좋지만 그것은 생각처럼 쉽게 기대할 수 없다. 선택한 인물을 훈련하고 그와 함께 일하기 위해선 시간이 필요하다.

　그런 뜻에서 당신의 사업 경험에서 좋은 점만을 흡수할 수 있는 사람을 선택한다. 배우려는 의욕이 있고 체득하는 속도가 빠른 사람이라면 더욱 좋다. 또 사고력도 있고 상식도 있어야 한다.

　또 부하와 잘 어울리고 게다가 그들에게 자신감을 불어넣을 수 있는 능력도 조건의 하나가 된다.

　리더십도 물론 필요하다. 부하나 동료, 거래처 관계에서도 장래 그는 '당신'이 될 존재이기 때문이다.

　오른팔이 될 인물에게 요구되는 자질을 여러 가지 열거했지만 그 위에 솔선 수범하는 타입이라면 더 이상 바랄 것이 없다. 곧 책임과 권한을 지금 이상으로 부여하여 경영에 대하여 가르친다. 경영 계획이나 인간 관리 등 그가 배워야 할 기술은 많다.

 예컨대 신입사원 채용에 관한 일을 시켜보자. 이것은 회사의 기본 구조를 이해하는데 상당히 공부가 된다. 많은 것을 배우면 그만큼의 일에 대한 충실감, 만족감이 생긴다. 우수한 인재는 책임을 맡고 여러 가지 일상 업무를 배우면서 성장한다.

일곱번째 찬스, 처세 07
그에게 이런 식으로 일을 맡겨라

사람이 확실하다는 믿음이 생기면 최선을 다할 수 있도록 당신은 그의 곁에서 지켜보며 그가 모르는 부분이나 난처해 하는 부분을 도와주어야 한다. 개인적인 지도 외에 회사에서 그의 지위가 확고해지도록 만들어둘 필요가 있다. 다음에 꼭 필요한 몇 가지 힌트를 열거한다.

(1) 그에게 업무를 가르쳐라

그가 새로운 책무의 모든 사실을 파악하고 있는지 확인하라. 그가 해야 할 일은 무엇이고 어떻게 해야 하는가를 명확히 설명해주어야 한다. 그리고 책임져야 할 부분이 무엇인지에 대해서도 서서히 알려준다. 그에게는 새로울 수 있는 업무 방법을 이해시키는 것 또한 잊지 말아라.

함께 일할 사람들을 한 사람 한 사람 소개하라. 그리고 앞으로는 당신이 아니라 그를 상대로 일을 추진하도록 주위 사람에게 이해와 도움을 구한다.

✽ 파워포인트
포용력을 단 하루에 높일 수는 없다.
장기간에 걸쳐 체험을 쌓아 배워나가는 과정을
통해 더 높은 포용력을 가질 수 있다.

(2) 길을 평탄하게 해둔다

 직원들에게 그와 협력하도록 요청한다. 그리고 책임 범위가 어느 정도인가 그들에게 설명하고 나중에 문제가 일어나지 않도록 주의를 둔다. 그에게는 사람들의 신뢰를 얻는 것이 얼마나 중요한 일인지 납득이 가도록 설명해준다.

(3) 정보를 공유하라

 그가 마음껏 일할 수 있도록 당신의 계획과 그 추진 과정, 그리고 수단에 대하여 끊임없이 정보를 제공하라. 또 예상되는 문제가 있다면 예비 지식을 주어라. 그가 동료와 함께 일하기 위한 여러 정보를 미리 알고 있는지 확인하라.

 만약 이와 같은 배경이 될 정보를 그에게 가르쳐주지 않으면 그는 핸디캡을 갖고 출발하는 셈이다. 만약 그가 부분적으로 모르는 것이 있다면 부하들이 그를 얕보게 되는 빌미를 제공하는 셈이다.

(4) 책임의 폭은 서서히 넓힌다

 그가 일에 대한 실감을 느낄 수 있도록 만든다. 그리고

✹ 파워포인트
어떠한 사람에게도 자기의 의견을 말할 권리가 있다.
우선 먼저 남의 의견을 듣고 그것을 이해하려고 하라.

조금씩 책임의 범위를 넓혀감으로써 새로운 문제를 처리할 시간을 준다. 이런 방식에 의해서는 그는 지식을 흡수하고 경영자로 성장해가게 된다.

(5) 고삐는 늦추어둔다

무엇이든지 자기가 일일이 지시하지 않으면 마음을 놓지 못하는 사람이 있는데 이것은 잘못된 경영 방법이다. 이런 방법이 계속된다면 부하가 자신의 능력을 과시하지 못하고 좀처럼 성장할 수 없다. 자신감을 잃을지도 모른다. 자진해서 일을 하도록 고삐는 늦추어두는 것이 좋다.

(6) 그에게 권한을 주어라

그에게 일을 맡길 때는 관리의 예외적인 원칙에 따른다. 그가 직무를 완수하는데 필요한 권한을 주고 문제가 생긴다든가 일이 생각대로 안 될 경우에 한해서만 당신과 의논하도록 약속된 규율을 정한다. 해결책을 나름대로 생각한 후 상담을 하도록 유도한다. 현명한 해결책을 제시하면서 천천히 육성해가도록 한다.

일곱번째 찬스, 처세 07
당신의 오른팔에게도 규제는 필요하다

 **자기 오른팔이 될** 인물에게 책임과 권한을 위임하는 경우 당신은 그에게 사고력, 계획력, 행동력, 평가능력을 기대한다. 물론 그에게도 규제는 필요하다. 규제가 필요한 이유는 비즈니스의 활동에 정통하도록 그를 육성해 나가기위해서는 그에게 권한의 남용에 대비한 한계점을 일러주어야 하기 때문이다. 그에게 일을 맡겼다면 정기적으로 체크해둔다. 단 너무 작은 일을 시끄럽게 확대해서 과장하는 바보짓은 하지 말아야 한다.

여기서 충고 한 가지.

그는 아마 당신이 해왔던 방식대로 일을 하지는 않을 것이다. 두 사람의 필적이 다르듯이 일하는 방법이 다른 것은 당연하다. 당신이 업무를 진행하는 방법보다 좋을지 모른다. 그가 기대하는 성과를 올리고 있다면 일하는 방법에 너무 참견하지 말아야 한다. 그를 젖혀놓고 당신이 나서는 일은 하지 말도록. 이런 일이 계속되면 그는 자신감을 잃는다. 게다가 함께 일하는 사람들 사이에서 그의 입장이 난처해질 수도 있다.

일곱번째 찬스, 처세 07
직장 생활에 활력을 불어넣어라

　　　　　　　　직장 생활이 권태로운
가? 자기 직업에 만족하는 직장인이 도대체 얼마나 될
까? 당신 주위를 둘러보고 생각해보라. 아마 거의 없음
을 알게 될 것이다. 직장 생활에서의 성공은 자신이 하
는 일을 좋아하는가의 여부가 기본 조건이 된다. 자기의
일을 좋아하지 않는 사람이 결국 성공할 수 있을까. 그
는 분명 실패할 것이다.

　그럼 왜 많은 사람이 자기 직업에 불만을 느끼고 있을
까? 그 이유는 크게 두 가지로 나눌 수 있다. 첫째로 직
장 생활로 인해 생활을 즐기거나 자기의 재능을 찾아낼
수 있는 시간이 낭비되고 있다고 믿기 때문이다.

　아마 당신을 비롯한 많은 사람들이 같은 생각을 하고
있을 것이다. 작년 휴가 때를 회상해보는 것이 좋은 예
가 될 것이다. 당신은 휴가를 완전히 즐겼다고 생각하는
가? 처음 절반은 해변에서 재미있게 보냈을 테지만 나머
지 절반은 "이제 지겨워. 빨리 회사에 나갔으면 좋겠
어." 하고 투덜거리며 보냈을 것이다. 만약 당신이 휴가

동안 그런 권태를 느끼지 않았더라면, 휴직을 했다고 상상해보라. 휴직 기간 동안에 당신은 그 동안 미루어왔던 일들을 하기로 결심하고 소설을 쓰거나 강좌에 등록할 수 있을 것이고 아니면 그저 텔레비전 앞에서 빈둥거리며 귀중한 시간을 낭비하고 있을지도 모른다. 그렇게 3개월이 지나고 나면 당신은 주어진 시간을 알차게 보내지 못한 죄책감에 어느 때보다 절망에 빠져 있을 수도 있다. 일만 하고 여유를 갖지 못한 것이 바람직하지 못한 일이라면 놀기만 하고 일하지 않는 것은 더욱 바람직하지 않다. 우리는 무엇인가를 성취하고 있다는 느낌 속에서 생활의 활력을 느낀다. 또한 우리는 생활의 규칙적인 질서를 필요로 한다.

사람들이 자기 직업을 좋아하지 않는 두번째 이유는 자기가 갇혀 있다고 느끼기 때문이다. 아마도 이것이 다른 무엇보다 설득력 있는 이유가 될 것이다. 일단 회사에 들어가고 시간이 지나 결혼을 하고 은행융자로 집을 마련하고 아이가 생기게 되면 대부분의 사람들은 만사가

✱ 파워포인트

이전에는 의미있던 많은 규율이 오늘날에는 그 의미를 상실하고 있다.
규율 또는 사회생활 규칙은 상대적인 것이라고 생각하라.

애초에 자기가 계획한 대로 굴러가지 않더라도 사표를 던지고 회사를 뛰쳐나오는 것이 거의 불가능하다고 생각한다. 무엇보다 꼬박꼬박 나오는 월급 봉투가 직장에 얽매이는 가장 큰 이유가 되고 있다. 사람들은 달리 선택의 여지없이 일을 해야만 한다는 사실에 분노를 느끼며 자신의 처지를 안타까워 한다.

만약 당신이 경제적 이유로 사표를 던질 수 없기 때문에 직장에 매여 있다고 생각한다면 이력서를 준비하고 다니는 모습이 될 수 있다. 또한 당신은 매주 구인 광고를 들여다보거나 같은 업계 사람들의 모임에 나가 취업 정보를 얻으려 할 것이다. 당신은 현재의 직장을 포기하지는 않지만 대체할 대안을 하나 갖고 있다. 그것은 현재의 직장에서 도저히 견딜 수 없게 되면, 마지막 카드로 사표를 내는 방법이 있다고 생각한다. 이런 입장이 되면 당신의 태도는 완전히 달라진다. 이제 당신은 마무리를 짓기 전의 다급함과 여유를 가지고 직장 생활을 하게 되므로 오히려 지루함을 버리고 생활을 즐길 수 있다.

✽ 파워포인트
편견은 포용력에 방해가 된다. 편견에 사로잡혀서는 안된다.

 긍정적인 태도를 갖기 위해서는 자신의 처지에 대한 책임을 스스로 지는 것이 무엇보다 중요하다. 대부분의 사람들은 자기가 환경에 의해 지배된다고 느끼지만 실제로는 그렇지 않다. 오히려 환경을 관리함으로써 자기가 필요로 하는 것을 환경으로부터 얻어낼 수 있어야 한다. 진급이 늦다, 보수가 적다, 회사가 당신이 바라는 방식으로 당신을 대접하지 않는다 등등의 불평은 당신에게 아무런 도움이 되지 않는다. 돈이나 권한, 지위는 당신의 고용주가 당신에게 주는 것이지 자긍심, 일을 훌륭히 해냈다는 자부심, 그리고 자기가 중요한 존재라는 느낌은 모두 다른 사람이 아닌 바로 당신이 자신에게 베풀어줄 수 있는 보너스들이다. 당신이 직장에서 즐거움을 찾는다고 해서 손해될 것은 아무것도 없다. 오직 이득이 있을 뿐이다.
 상사건 동료건 누구도 당신의 직업상 고민을 당신의 일처럼 해결해 줄 시간이나 의향을 가지고 있지 않다는 사실을 기억하라. 태도를 변화시키기 위한 노력은 어디까지나 스스로 처리해야 하는 문제이다. 태도의 변화를

✱ 파워포인트
인간애와 포용력은 상호 관계가 있다.
어린애가 있으면 포용력을 얻는다는 것은 어렵지 않다.

일으킬 수 있는 5가지 방법을 소개한다.

조금 꿈꾸고 많이 계획하라. 직장에 불만이 있다면 당신이 원하는 이상적인 직장의 모습—정말로 하고 싶어하는 일에서부터 좋아하는 직장 환경에 이르는 모든 것—을 마음속에 그려보라.

이렇게 함으로써 사람들은 자기가 만족할 만한 직장의 업무 환경을 구체적으로 그리며 효율적이고 밝은 분위기로 바꾸려 할 것이다. 명확한 목표가 없기 때문에 직장생활이 따분하다는 생각이 든다.

훈련을 하기 위해서는 당신의 이상적인 직업상을 가능한 세분화하여 나누어본다. 현재 구매부의 폭군 같은 상사 밑에 사무원이 있다고 치자. 그는 마케팅부의 훌륭한 상사 밑에서 초급 간부로 일하고 싶다는 꿈이 있다. 그렇다면 다음 단계로 나아가기 위한 '발판'이 될 수 있는 목표를 찾는 것이 우선이다.

예를 들면 그 폭군의 등쌀에서 벗어나기 위해 먼저 구매부내의 다른 과로 이동할 수 있는지 알아볼 수 있을

✱ 파워포인트
결코 당신이 생각만이 바르다고 생각해서는 안된다.
포용력이 있다면 새로운 자극이나 지적인 자극에 대하여 마음을 열 수 있다.

것이다. 아니면 마케팅부의 보다 낮은 자리로 갈 수도 있을 것이다. 그런 후에 훈련을 받거나 교육을 받음으로써 당신은 훌륭한 간부 후보가 될 수 있다. 승진을 위해서는 최소한 어떤 자격을 갖춰야 하는지 알고 있어야 한다. 행동을 스스로 계획하고 실천하는 것이야말로 당신의 태도를 개선하는 좋은 방법이 될 수 있다.

당신이 업체를 운영하는 자영업자라고 가정하고 당신의 고용주를 당신의 중요한 고객이라고 생각해보자.

고객의 요구를 충족시키기 위해서, 그리고 당신의 사업을 발전시키기 위해서는 자기 발전이 필요하다. 그렇디면 도대체 자기를 발전시키기 위해서 어떤 노력을 기울여야 하는 것일까.

당신이 보고서를 써야 하는 직장에서 일하고 있으며 당신의 문장력이 훌륭하다고 가정하자. 당신의 그런 능력은 당신의 상사들에게는 대수롭지 않게 생각될지 모른다. 하지만 당신이 자영업자라면 그 같은 능력은 새로운 판로를 개척하는데 큰 도움이 될 수 있다. 따라서 보고

✳ 파워포인트
포용력은 정신의 건강을 준다.
포용력이 있으면 초조해하거나 화를 내지 않아도 만족하다.

서를 상투적인 문구를 사용해서 되는 대로 쓸 것이 아니라 문장을 정성들여 쓰고 다듬어서 상품이 더 넓은 시장에 진출할 수 있도록 노력을 덧붙여야 한다.

이렇게 생각하고 행동함으로써 당신은 상사의 지시나 따르는 수동적 인간에서 벗어나 자기 나름의 이유 때문에 자신의 능력을 인식하고 발전시키려는 능동적 인간으로 변모될 수 있다.

일과 휴식을 분리한다. 당신이 며칠 동안 친구를 집에 초청한다고 가정하자. 이틀째 되는 날 그 친구의 옷이며 세면 도구가 집안 여기저기에 널려 있다. 사흘째 되는 날 친구의 커다란 가방이 당신의 소파를 차지하고 있고 나흘째 되는 날 친구의 소지품이 당신의 서재를, 책상 위를 차지하고 있어 당신은 밀린 업무를 처리할 수조차 없게 된다. 이쯤 되면 친구가 귀찮다못해 내쫓고 싶지 않을까?

어떤 사람들에게는 직장에서도 이와 같은 일이 일어난다. 처음에 그들은 때때로 저녁에 남아서 한두 시간 더 일을 한다. 다음에는 일거리를 매일 집으로 가져가기 시

✽ 파워포인트
당사자들에게는 자신의 이름이 그 어떤 것보다도
기분 좋고 중요한 말임을 명심하라.

작하고 곧 주말에도 근무를 하게 된다. 결과적으로 직장일이 점점더 많은 공간과 시간을 차지하는 무례한 손님처럼 되고 만다. 그들이 문득 개인 생활이 없어진 것을 깨닫게 되고 분개하며 화를 낼 것은 뻔하다.

일거리를 절대로 집에 가져가서는 안된다는 법은 없다. 늘 집에 가져가는 일이 습관이 되어서는 안된다는 말이다. 할 일이 아주 많아 그날 해치울 수 없을 정도면 하루 저녁은 열심히 일하고 그 다음날 저녁은 마음껏 즐기도록 해라. 예를 들면 월요일, 수요일, 금요일 저녁은 다른 일에 정신을 빼앗기지 말고 직장일을 열심히 한다. 그러나 놀기로 한 날의 저녁에는 아예 일거리를 집에 가져가지도 말고 일에 대한 생각을 지운 채 열심히 놀아야 한다.

직장 밖에서 성공을 찾는다. 직장일과 마찬가지로 취미 생활과 여가 활동도 열심히 한다. 그리고 거기서 자랑을 느낀다.

너무나 많은 사람들이 자기의 존재 가치를 오로지 직장에서만 찾으려는 함정에 빠진 경우가 많다. 일이 잘

✱ 파워포인트
논쟁에서 최선의 결과를 얻을 수 있는 유일한 방법은 그것을 피하는 것이다.

되어 갈 때는 다행이지만, 만약 당신의 자부심이 오로지 직장의 상황에 의해서만 좌우된다면 일이 순탄치 않을 경우 당신은 굴욕감을 느낄 수밖에 없지 않을까. 만약 당신이 직장 밖에서도 자신감을 가질 수 있다면, 직장에서 좋지 않은 일이 있을 것으로 예견되더라도 당신은 긍정적인 태도를 유지할 수 있을 것이다.

다른 사람들에 대한 당신의 태도를 바꾸어라.

만약 매일 아침 출근하기가 두렵다면 당신은 직장 사람들과 잘 어울리고 있는지 확인해볼 필요가 있다. 아마 어울리지 못한다면 직장 생활이 힘든 이유 가운데 하나가 될 것이다. 직장 동료를 반드시 좋아할 필요는 없다. 그러나 적어도 그들과 긍정적인 상호 관계를 유지할 수는 있어야 한다. 당신이 엘리베이터에서 주위 사람들에게 미소를 짓는다면 함께 엘리베이터에 탄 사람들도 미소로 답할 것이다. 같은 방법대로 사무실내에서도 행동해보라. 만약 당신이 밝고 부드러운 태도를 먼저 보인다면, 똑같은 반응을 얻을 수 있다.

이제까지 관심을 갖지 않았던 사람들에게 갑자기 관심을 나타내면 분명히 갑작스런 일에 당황해 하거나 혼란스러워 하지는 않을까라고 걱정하는 사람도 있지만 그것은 기우에 지나지 않는다. 사실 직장내 인간관계를 개선하려는 노력은 성실하고 당연한 것이며 직장 동료들도 당신의 그런 성실성을 인정하며 당신을 좋아하게 될 것이다. 더 많은 상호 관계를 가지도록 노력하라. 사무실 밖에서 동료들과 스포츠에 관한 얘기를 나눠라. 자기는 잘 모르고 있는 어떤 영화에 대해 모든 사람들이 얘기를 나누고 있다면 그 영화에 대해 잘 아는 사람에게 줄거리나 배우들을 물어봄으로써 관심을 나타내고 함께 어울리도록 하라.

만약 직장일이나 상사, 날씨에 관해 당신에게 불평을 늘어놓는 사람이 있다면 그 사람에게 좀더 긍정적인 생각을 가질 수 있도록 충고해주는 것이 좋다. 태도를 조금만 바꾼다면 당신에 대한 사람들의 인식도 바뀔 것이다. 더불어 그들은 당신과 함께 지내는 것을 좋아하게 될 것이며 당신도 그들과 지내는 것을 좋아하게 될 것이다.

일곱번째 찬스, 처세 07
실패를 가르쳐준다

 **누구든지 잘못은 있다.**
경험도 지식도 없는 그가 때때로 실수를 범했다고 해서 아무도 그를 이상하게 생각하지 않는다. 현명한 인물은 실수에서 반드시 무언가를 배우고자 노력한다. 이 점을 잘 기억해두어야 한다. 당신이 할 일은 그가 실수에서 가능한 많은 것을 배우도록 돕는 일이다.

일을 진행시키면서 뭔가 잘못된 일이 있으면 남의 눈에 띄지 않는 곳에서 주의를 주어야 한다.

반대로 공을 세우면 모든 사람 앞에서 칭찬을 해주어라. 잘못이 있으면 개인적으로 조용히 이야기하고 두 번 다시 이런 일이 일어나지 않으려면 어떻게 해야 하는가 자세하게 설명해준다. 당신의 추궁이 너무 엄하면 다시 실수를 범했을 때 그것을 감추고 숨기려들지 모른다. 이렇게 되면 그와의 대화는 두절되고 그를 육성하는 의미는 사라진다.

일곱번째 찬스, 처세 07
당신 오른팔이 된 인물을 활용하라

고생하여 유능한 인재를 양성한 것까지는 좋지만 그를 회사에 그대로 잡아두는 방법을 강구해야 하는 더 어려운 일이 기다리고 있다. 경영자 가운데는 이렇게 인재를 손수 육성하려고 하지 않고 남이 육성한 인재를 스카우트하려는 사람들이 있다. 이런 일이 일어나지 않으려면 당신의 부하에게 사전 동의하에 계약을 할 필요가 있다. 즉 추후에 다른 회사로 자리를 옮기지 않겠다는 약속을 미리 해둔다. 이때는 충분한 대우와 수입을 보장해야 함은 두말할 나위가 없다. 그에게 우선 본인이나 가족에게 충분한 처우가 보장된다는 것을 알려준다. 상당한 수입을 약속할 수 있음을 명시한다. 회사가 발전하면 신분과 보수가 보장됨을 반드시 언급해두어야 한다.

작은 회사이면 책임 범위가 잇따라 늘어나 끝내는 그 회사를 인수할 수 있는 기회가 생길 수도 있다. 우수한 판매 담당 중역이 사장의 신뢰를 얻어 사장과 부인이 사망한 후 예정된 대로 그 회사의 사장이 되었다. 사장에

✽ 파워포인트
죽기 전에 꼭 경험하고 싶은 일 스물 다섯 가지를 적어 보라.
그 목록이 적힌 종이를 지갑 속에 넣어 다니다가 가끔씩 꺼내 보아라.

게 자식이 없었던 이유도 있지만 노동력과 두뇌의 힘만으로 회사를 인수할 수 있었던 것이다.

누구나 같은 경우라고는 생각하지는 않지만 사장의 오른팔이 되어 일할 경우 수입을 걱정하는 일은 없어야 한다. 만약 충분한 대우를 받지 못한다고 느끼면 그는 자기의 능력을 인정하고 더 많은 보수를 주겠다고 제시하는 회사로 옮겨버릴 수도 있음을 명심해 두자.

자신의 오른팔을 양성해서 손해볼 일은 없다. 그는 당신의 일을 줄여줄 뿐만 아니라 회사의 장래를 생각하는 시간이 많아지면서 언제 발생할지 모르는 위기 상황에 대처할 방법을 생각해낼 수 있다. 아무튼 그가 있기 때문에 회사에서나 가정에서 충분히 여유있는 생활을 영위할 수 있음은 틀림이 없는 사실이다.

일곱번째 찬스, 처세 07
성장의 기회를 준다

 **당신은 일과 함께** 끊임없이 성장하고 있다. 대부분의 아내들은 당신이 인간적으로 한층 커지는데 비해 자신은 그대로라고 생각한다. 뒤떨어지고 있다는 느낌과 함께 당신과의 대화에 따라가지 못할 경우가 점점 많아진다.

아내가 원한다면 부인회, 선도회, 자선사업 무엇이라도 좋으니 관심을 가질 수 있는 분야를 권하거나 소개한다.

학교에 다니도록 권해보는 것도 좋다. 혹은 골프 연습에 함께 참가하여 즐기는 것도 좋다. 야외에서 스포츠를 하거나 낚시를 하거나 어쨌든 "같이 안 하겠소?"라고 말해보는 것이 최소한의 의무이다. 이런 사소한 대화가 부인에게 당신과 함께 생활하고 있다는 생동감을 가져다 줄 것이다.

다만 한 가지 조심해야 할 것은 당신이 아내를 위하여 여러 가지 생각하고 권하는 것도 좋지만 아내에게도 관심사를 결정할 권리를 부여하는 것이다.

　회사일에 대해 아내가 알려고 하는 이상의 이야기를 억지로 하지는 말자. 물론 일에 관해서 아무것도 말하지 않은 것 역시 좋은 행동은 아니다.

일곱번째 찬스 처세 07
미래를 준비하라

　　　　　　　　　　갑작스럽게 부인이 당신 일을 인계하고 일해 나아가야 하는 상황이 벌어진다면 아내는 잇따라 닥치는 여러 가지 일에 허둥대며 당황해 할 것이다. 어느 길을 택하고 어떤 행동을 취해야 하는지 이해하고나 있을까. 지금 당신이 아내를 위하여 준비해두어야 할 일은 만일의 경우가 생겼을 때 당황해 하지 않고 침착하게 행동할 행동 계획을 작성해두는 것이다. 당신에게 만일의 불상사가 생겼을 때 부인에겐 우선 돈이 필요하다. 이런 이유로 충분한 금액의 예금구좌를 부인 명의로 만들어둔다. 이상에서 말한 것을 완전히 준비해 두면 아내는 물론 당신도 미래를 안심하고 살 수 있을 것이다.

　미래는 두렵고 막연한, 손에 잡히지 않는 허구의 세계가 아니다. 바로 내일이 미래로 불리워질 수도 있다. "나쯤이야." "무슨 일이 있겠어." 하는 식의 느긋하고 무책임한 사고는 한순간의 편안함이나 여유에 비해 굉장한 힘의 파괴력과 두려움으로 다가올지도 모른다

찬스 7
가둬두기엔 너무 아까운 내인생의 일곱가지 기회

지은이 : 메드세리프 지음
옮긴이 : 이동길
펴낸이 : 이금석

펴낸곳 : 도서출판 무한
펴낸날 : 2006년 11월 28일
등록일 : 1993년 4월 2일
등록번호 : 제3-468호

주　소 : 서울시 마포구 서교동 469-19
전　화 : (02)322-6144
팩　스 : (02)325-6143
홈페이지 : www.muhan-book.co.kr
e-mail : muhan7@muhan-book.co.kr

값 : 9,500원
ISBN : 89-5601-157-5 (13320)